AF288767

Die Symbolik der Krankheiten

eine Hilfe zum Verständnis der psychischen Ursachen von Krankheiten und Verletzungen

Bücher von Harry Eilenstein:

- Astrologie (496 S.)
- Photo-Astrologie (64 S.)
- Tarot (104 S.)
- Handbuch für Zauberlehrlinge (408 S.)
- Physik und Magie (184 S.)
- Der Lebenskraftkörper (230 S.)
- Die Chakren (100 S.)
- Meditation (140 S.)
- Drachenfeuer (124 S.)
- Krafttiere – Tiergöttinnen – Tiertänze (112 S.)
- Schwitzhütten (524 S.)
- Totempfähle (440 S.)
- Muttergöttin und Schamanen (168 S.)
- Göbekli Tepe (472 S.)
- Hathor und Re:
    Band 1: Götter und Mythen im Alten Ägypten (432 S.)
    Band 2: Die altägyptische Religion – Ursprünge, Kult und Magie (396 S.)
- Isis (508 S.)
- Die Entwicklung der indogermanischen Religionen (700 S.)
- Wurzeln und Zweige der indogermanischen Religion (224 S.)
- Der Kessel von Gundestrup (220 S.)
- Cernunnos (690 S.)
- Christus (60 S.)
- Odin (300 S.)
- Dakini (80 S.)
- Kursus der praktischen Kabbala (150 S.)
- Eltern der Erde (450 S.)
- Blüten des Lebensbaumes:
    Band 1: Die Struktur des kabbalistischen Lebensbaumes (370 S.)
    Band 2: Der kabbalistische Lebensbaum als Forschungshilfsmittel (580 S.)
    Band 3: Der kabbalistische Lebensbaum als spirituelle Landkarte (520 S.)
- Über die Freude (100 S.)
- Das Geheimnis des inneren Friedens (252 S.)
- Von innerer Fülle zu äußerem Gedeihen (52 S.)
- Das Beziehungsmandala (52 S.)

Kontakt: www.HarryEilenstein.de / Harry.Eilenstein@web.de
Impressum: Copyright: 2011 by Harry Eilenstein – Alle Rechte, insbesondere auch das der Übersetzung, vorbehalten. Kein Teil des Buches darf ohne schriftliche Genehmigung des Autors und des Verlages (nicht als Fotokopie, Mikrofilm, auf elektronischen Datenträgern oder im Internet) reproduziert, übersetzt, gespeichert oder verbreitet werden.
Herstellung und Verlag: BoD - Books on Demand, Norderstedt
ISBN: 9783839140512

für Jule,

ohne deren Bitte dieses Buch
wahrscheinlich nicht geschrieben worden wäre

Inhaltsverzeichnis

I Der Zweck dieses Buches

Bücher mit Listen über die verschiedenen Krankheiten und ihre psychischen Entsprechungen gibt es bereits – wie z.B. die von Louise Hay. In dem vorliegenden Buch die Entsprechungen zwischen dem psychischen Zustand und der mit ihm zusammenhängenden Krankheit näher untersucht werden. Die Brücke zwischen beidem ist die gemeinsame Struktur von Krankheit und psychischer Verfassung. So ist z.B. ein Knochenbruch mit Aggressionen verwandt und eine Erkältung mit einer unvollständiger Abgrenzung.

Das vorliegende Buch soll eine Hilfe dabei sein, die Struktur eines Symptoms präzise zu betrachten und dadurch auch seine psychische Komponente zu erfassen.

Zu diesem Zweck wird sowohl ein Verständnis der Funktion der Gliedmaßen und Organe benötigt als auch ein Verständnis des Charakters der Symptome der Krankheiten. Aus der Kombination dieser beiden Elemente ergibt sich dann die Struktur der Störung, die nun auf die Psyche übertragen werden kann. Die auf diese Weise gefundene psychische Struktur ist eine wesentliche Ursache der betreffenden Krankheit.

Es ist allgemein bekannt, daß Ereignisse nur selten eine einzige Ursache haben – daher sollte man auch diese Betrachtungen nur als Hilfestellung für das Verständnis einer Krankheit ansehen, als einen Ansatz, mögliche psychische Ursachen einer Krankheit aufspüren und diese dann mitbehandeln zu können.

Ursachen für eine Krankheit können Vererbung, Viren, Bakterien, Pilze, Umwelteinflüsse, Verhaltensmuster (z.B. Rauchen) usw. sein, die jedoch bei genauerer Betrachtung so gut wie immer auch von einer psychischen Komponente begleitet werden.

Die Abgrenzung zwischen den verschiedenen möglichen Ursachen ist oft sehr schwierig. Wenn z.B. in einer Familie eine Krankheit gehäuft auftritt, kann sie vererbt sein, aber sie könnte auch an der Art liegen, wie man in dieser Familie das Leben sieht und sich verhält, oder auch an der Umwelt, in der diese Familie lebt.

Die Betrachtungen in diesem Buch sind daher nicht als Allheilmittel anzusehen, sondern lediglich als eine Methode, mit deren Hilfe man einen oft wichtigen Aspekt der Krankheitsentstehung und somit auch der Heilungsmöglichkeiten erfassen kann.

II Der Körper

Um eine Krankheit verstehen zu können, muß man den Körperteil verstehen, den diese Krankheit befallen hat.

Um die psychischen Ursachen einer Krankheit in einem Körperteil erkennen zu kennen, ist zum Glück kein Medizinstudium notwendig, sondern nur ein allgemeines Verständnis der Funktionen der Organe und Gliedmaßen.

In dem nun folgenden Kapitel werden die Organe und Gliedmaßen von verschiedenen Ansätzen ausgehend betrachtet, um den Charakter der Körperteile auf eine möglichst vielfältige Weise erfassen zu können.

II 1. Die Stoff-Bereiche des Körpers

Der Körper besteht aus drei verschiedenen Arten von Stoffen sowie jeweils einer Grenze zwischen ihnen. Diese drei Stoffarten sind die körperfremden Stoffe, die körpereigenen Stoffe und die körperdefinierende Stoffe.

Die körperfremden Stoffe sind zum einen die aufgenommene Nahrung, die den gesamten Verdauungstrakt füllt, und zum anderen die Luft, die die Lungen erfüllt.
Die körpereigenen Stoffe sind die Organe wie das Herz, die Leber, die Nieren, die Milz usw. sowie der Blutkreislauf.
Die körperdefinierenden Stoffe sind schließlich die Zellkerne, die Eizellen und das Sperma sowie die dazugehörenden Geschlechtsorgane.

Die Grenze zwischen dem Körper als Ganzes und der Außenwelt ist die Haut.
Die Grenze zwischen den körperfremden Stoffen und den körpereigenen Stoffen ist in erster Linie die Darmwand.
Die Grenze zwischen den körpereigenen und den körperdefinierenden Stoffen ist die Hülle des Zellkerns und die Gebärmutter sowie die männlichen Geschlechtsorgane.

Der Körper: stoffliche Strukturierung	
Körperbereich	**Grenze**
	Haut
körperfremde Stoffe	
	Darmwand u.a.
körpereigene Stoffe	
	Zellkernwand u.a.
körperdefinierende Stoffe	

Diese Grobeinteilung hilft zu erkennen, was die grundlegende Funktion eines Organs ist.

II 2. Die Bewegungs-Bereiche des Körpers

Man kann den Körper auch von seinen Bewegungsmöglichkeiten her betrachten. Dabei stehen nicht die Organe, sondern die Gliedmaßen im Zentrum der Aufmerksamkeit.

Den Mittelpunkt des Körpers bildet der Leib, also der Rumpf ohne den Kopf. Er enthält die Organe mit den vegetativen Funktionen. Der Rumpf ist daher u.a. der Energieversorger aller übrigen Teile des Körpers.

Der Kopf mit dem Gehirn und den Sinnesorganen ist das Koordinationszentrum des Körpers. Er ist durch den Hals mit dem Körper verbunden. Der Hals ist somit in erster Linie ein bewegliches Verbindungsglied.

Die Beine und die Arme sind gleich aufgebaut, da auch die Arme ursprünglich Beine gewesen sind (vierfüßige Tiere).

Arme und Beine bestehen aus drei Teilen, die jeweils durch drei bewegliche Elemente miteinander verbunden sind:

Struktur der Arme und Beine			
Beine		*Arme*	
Element	*Gelenk*	*Element*	*Gelenk*
	Hüftgelenk		Schultergelenk
Oberschenkel		Unterschenkel	
	Knie		Ellbogen
Unterschenkel		Unterarm	
	Fußgelenk		Handgelenk
Fuß		Hand	

Die Funktion der Arme und Beine ist beim Menschen grundlegend verschieden: Der Mensch bewegt sich mithilfe seiner Beine in der Welt, während er mithilfe seiner Arme die Welt um sich herum bewegt.

Es finden sich daher bei den Armen und Beinen aufgrund der gleichen Struktur analoge Vorgänge, die jedoch in zwei verschiedenen Lebensbereichen stattfinden.

Das Hüftgelenk ist die Stelle, an der jede Bewegung in der Welt beginnt. Hier tritt der Impuls zur Ortsveränderung in die Welt hinaus – hier befindet sich das „Tor der Mobilität".

In entsprechender Weise ist das Schultergelenk der Ort, an dem ein Impuls den Rumpf verläßt und in die Welt hinauszuwirken beginnt.

Beide Gelenke ermöglichen dem Oberschenkel bzw. dem Oberarm, eine Ausrichtung in der Welt einzunehmen: Wohin will ich gehen? Wo will ich etwas ergreifen? An diesen Gelenken wird der innere Entschluß erst zur Bewegung (Bein) bzw. zur Tat (Arm).

Der Oberschenkel weist bei der Bewegung in die generelle Richtung, in die man sich bewegen will. Die Muskeln im Oberschenkel übernehmen die Hauptarbeit bei der Bewegung.

Am Arm findet sich dieselbe Struktur: Der Oberarmknochen weist bei einer Handlung in den Bereich, in dem die Handlung stattfinden soll, und der Bizeps übernimmt die Hauptarbeit.

Am Oberschenkel wird der Entschluß zur Bewegung sichtbar und am Oberarm der Entschluß zur Tat. In beiden Fällen wird die größte Kraft der Bewegung aufgewendet, aber nur die grobe Richtung festgelegt.

Das Knie befindet sich bereits durch die Bewegung des Oberschenkels an dem Ort, an den der betreffende Mensch mit seinem nächsten Schritt gelangen will. Auf die allgemeine Orientierung durch das Hüftgelenk folgt am Knie somit eine genauere Orientierung in dem Bereich, in den man gelangen will.

Dieselbe Funktion hat der Ellbogen in Bezug auf die Taten. Der Oberarm hat den Arm in den generellen Bereich gebracht, in dem der betreffende Mensch etwas tun will, und der Ellbogen ermöglicht nun eine Orientierung „vor Ort".

Am Knie bzw. am Ellbogen wird somit entschieden, wie man weiter an dem bereits erreichten Ort verfahren will – wie man sich dort bewegen bzw. handeln will.

Der Unterschenkel richtet sich auf den konkreten Ort aus, an den man seinen Fuß setzen will.

Der Unterarm richtet sich auf den konkreten Ort aus, an dem man etwas mit seiner Hand tun will.

Während der Oberschenkel und der Oberarm relativ anonym eine generelle Richtung festlegen, wird der Unterschenkel bzw. Unterarm deutlich „persönlicher" und wählt einen konkreten Ort aus. Daher hat der Oberschenkel und der Oberarm etwas mit der generellen Orientierung in der Welt zu tun, während der Unterschenkel und der Unterarm etwas „vor Ort" tun und daher in einem „persönlicheren, familiäreren" Bereich aktiv sind. Beide Gelenke stellen daher auch den Übergang von der Öffentlichkeit zur Familie dar.

Das Fußgelenk befindet sich durch die Bewegungen des Beines an dem Ort, den man für den nächsten Schritt ausgewählt hat. Die Aufgabe dieses Gelenkes ist es, den Fuß in die richtige Position für das Aufsetzen zu bringen.

Entsprechend bringt das Handgelenk die Hand in die richtige Position für die anstehende Tat.

Beide Bewegungen werden am Fuß- bzw. Handgelenk nun deutlich persönlicher als bisher: Beide richten sich auf einen konkreten Ort bzw. einen konkreten Gegenstand im Außen aus.

Der Fuß nimmt Kontakt zum Boden auf, stellt sich auf ihn und trägt nun das Gewicht des Körpers.

In analoger Weise nimmt die Hand Kontakt zu einem Gegenstand auf, ergreift ihn und hält ihn.

Auf die generelle Bewegung des Oberschenkels und des Oberarms folgt die Ausrichtung im „familiären Bereich" durch den Unterschenkel bzw. den Unterarm und schließlich die „persönliche Berührung" durch den Fuß bzw. die Hand.

Wenn man sich diese allgemeine Dynamik der Gliedmaßen vor Augen hält, kann man z.B. Verletzungen an ihnen grob einordnen.

So wäre z.B. ein Schmerz im Ell-bogen in psychischer Hinsicht ein Handlungsimpuls, der schon in die Welt gegangen ist (Oberarm), aber vor seiner konkreten Umsetzung in der „Familie" (Unterarm) zurückschreckt.

II 3. Die Organe

Jedes der menschlichen Organe hat eine oder mehrere bestimmte Funktionen, die ausreichend klar sein müssen, um die psychische Entsprechung dieses Organs erfassen zu können.

Die verschiedenen Organe lassen sich zu vierzehn Gruppen zusammenfassen, die gemeinsame Aufgaben haben. Diese Gruppen bilden lediglich eine grobe Übersicht. Die im folgenden aufgeführten Organe ließen sich fast beliebig weiterdifferenzieren, wenn man jeden auf eine bestimmte Aufgabe spezialisierten Teil eines Organs hinzunehmen würde, was jedoch für das generelle Verständnis der Organe nicht notwendig ist.

Diese vierzehn Organ-Gruppen gehören jeweils zu einer der am Anfang des Buches dargestellten drei Bereiche der körperfremden, der körpereigenen und der körperdefinierenden Stoffe oder der Grenzen zwischen ihnen. Bei manchen Organen ist nicht eindeutig, zu welchem Bereich sie gehören, da sie in mehreren Bereichen eine Aufgabe erfüllen oder zwar innerhalb eines Bereiches liegen, aber an der Grenze zu diesem Bereich tätig sind.

Die folgende Tabelle dient somit nur zu einer ersten Übersicht.

Der Körper: stoffliche Strukturierung		
Bereich		**Organgruppen**
Körperbereich	**Grenze**	
	Die Grenze nach außen	1. Haut 2. Sinnesorgane
körperfremde Stoffe		3. Verdauungssystem 4. Atmung
	Grenze	5. Blutreinigung
körpereigene Stoffe		6. Knochen und Muskeln 7. Blutkreislauf 8. Lymphsystem 9. Nervensystem 10. Hormonsystem (Drüsen) 11. Immunsystem
	Grenze	12. Geschlechtsorgane
körperdefinierende Stoffe		13. Fortpflanzung 14. Zellkerne

II 3. A Die Grenze nach außen

In diesem Bereich finden sich die Haut einschließlich der Haare sowie die Sinnesorgane.

II 3. A a) Die Haut

Die Haut ist zunächst einmal der Schutz nach außen hin, aber sie ist auch der Kontakt nach außen hin. Sie hat also die doppelte Funktion der Abgrenzung und der Berührung bzw. Wahrnehmung.

Die Funktionen der Haut		
Schutz	*Kontakt*	*sonstiges*
Schutz vor Wärmeverlust (Haare, Fett)	Tastsinn	Aufnahme und Abgabe von verschiedenen Stoffen
Schutz vor Sonnenstrahlen (Haare, Pigmente)	Wärmesinn	
Schutz vor Regen (Haare, Fett, Talgdrüsen)	Kommunikation (Erröten)	
Schutz vor Kälte (Haare, Fett, Aufrichten der Körperhaare)		
Schutz vor Abnutzung und Verletzung (Hornhaut)		
Schutz gegen Überhitzung (Schweißdrüsen)		
Tarnung (Hautfarbe, Haare)		

II 3. A b) Die Sinnesorgane

Die Sinnesorgane ermöglichen die Orientierung in der Welt und sind die Grundlage des Handelns – ohne Informationen über die Umwelt kann es kein zielgerichtetes Handeln in ihr geben.

Augen

Die Augen sind beim Menschen das wichtigste Sinnesorgan, durch das er ca. 80% seiner Informationen über seine Umwelt erhält. Sie sind für die räumliche Orientierung zuständig und sie sind die Grundlage für schnelle Bewegungen und somit auch für Jagd, Angriff und Flucht.

Ohren

Die Ohren haben zwei Funktionen: die Schutzfunktion (Bemerken eines sich nahenden Autos) und eine Kommunikationsfunktion (Hören/Sprechen).
Die Aufgaben des Ohres sind somit anderes als die des Auges.

Nase

Die Nase hat einst auch eine Schutzfunktion gehabt: Wenn man den sich anpirschenden Tiger rechtzeitig gerochen hat, konnte man früher fliehen.
Sie hat daneben auch die Aufgabe, Informationen über die vorgefunden Stoffe zu erlangen – stinken sie oder riechen sie angenehm? Bei manchen Tieren mit ausgeprägtem Geruchssinn steht die Nase gleichberechtigt neben Augen und Ohren.

Mund

Der Geschmackssinn im Mund überprüft noch einmal das, was die Augen und die Nase als eßbar eingestuft haben. Somit hat der Geschmackssinn vor allem eine Schutzfunktion – er verhindert, daß man Dinge ißt, die einem schaden könnten.

Haut: Druck (Tastsinn)

Der Tastsinn ermöglicht eine Orientierung im Dunkeln und eine nähere Untersuchung von Gegenständen. Er ist auch notwendig, um Arbeiten verichten zu können – insbesondere feinmotorische Tätigkeiten. Er wird aber auch benötigt, wenn man z.B. auf Bäume klettert oder jemanden festhält, um zu spüren, mit welcher Kraft man dies tut.
Der Tastsinn dient somit der Feinjustierung der Handlungen. Nebenher hat er natürlich auch eine große Bedeutung für die Wahrnehmung von Nähe (Kuscheln mit

Kindern, Erotik).

Der Tastsinn ist durch die Nerven an den Wurzeln der Körperhaare in der Lage, noch viel geringere Berührungsreize als durch die Haut selber wahrzunehmen – das Haar wirkt sozusagen als Verstärker.

Haut: Verletzung (Schmerz)

Das Schmerzempfinden schützt vor größeren Verletzungen, da es vor Gefahren warnt.

Haut: Temperatur

Auch der Temperatursinn der Haut hat eine Schutzfunktion, da er Verbrennen und Erfrieren verhindert.

Haut: Dehnung

Die Haut ist auch in der Lage, die Dehnung („Spannung") der Haut wahrzunehmen. Auch diese Fähigkeit ist ein Schutz vor Verletzungen.

II 3. B   Der Bereich der körperfremden Stoffe

Zwischen der Umwelt und dem Körper finden zwei Austauschprozesse statt: die Ernährung und die Atmung. Durch beide Vorgänge werden Stoffe aus der Umwelt aufgenommen und andere Stoffe wieder an die Umwelt abgegeben.

II 3. B a)   *Verdauungssystem*

Das Ernährungs- und Verdauungssystem umfaßt eine Vielzahl von Organen und Körperteilen. Sie hier in der Folge, in der sie bei der Ernährung benutzt werden, aufgeführt.

Fingernägel

Die Ernährung beginnt mit dem Sammeln von Pflanzen oder mit dem Jagen der Tiere. Für beide Vorgänge sind ursprünglich einmal die „Waffen des Menschen", also seine Fingernägel, notwendig gewesen.

Zähne

Nach dem erfolgreichen Sammeln bzw. Jagen zerkleinern die Zähne die Speise. Evtl. haben sie auch eine Aufgaben bei dem Sammeln oder Erjagen der Beute.

Die Zähne sind somit wie die Fingernägel Waffen, auch wenn sie einen etwas anderen Charakter haben. Heute wird die Aufgabe der Krallen und der Zähne weitestgehend durch Werkzeuge, Waffen und Maschinen übernommen.

Mund

Der Mund nimmt die Nahrung auf und zerkleinert sie mit den Zähnen und feuchtet sie mit dem Speichel ein. Im Mund wird die Nahrung durch die Geschmackssinne noch einmal auf ihre Genießbarkeit überprüft und kann evtl. wieder ausgespuckt werden.

Die Zunge und der Mund dienen neben dem Essen auch noch dem Sprechen, sodaß man beim Mund stets eine Doppelfunktion berücksichtigen muß.

Speiseröhre

Wenn die Speise geschluckt wird, wird sie aufgenommen – sie wurde für gut befunden. Während der Mund noch ein Probe- und Vorbereitungsraum für die Speisen ist, ist die Speiseröhre das Tor zum Körperinneren.

Magen

Der Magen zerkleinert die Speisen auf chemische Weise. In ihm sammelt sich alles an, was „geschluckt" wird – auch im übertragenen Sinne. Sollte sich etwas als „unverdaubar" erweisen, kann es noch durch Erbrechen wieder hinausbefördert werden.

Zwölffingerdarm

Nachdem die Nahrung im Magen chemisch aufbereitet worden ist, gelangt sie in den Zwölffingerdarm, in dem sie ein weiteres mal chemisch bearbeitet wird.

Bauchspeicheldrüse

Diese neben dem Magen liegende Drüse, die auch „Pankreas" genannt wird, liefert dem Zwölffingerdarm die Chemikalien, die er für seine Arbeit benötigt.

Galle

Die Galle enthält einen Teil der von der Leber produzierten Chemikalien, die wie von der Bauchspeicheldrüse in den Zwölffingerdarm abgegeben werden und der Verdauung dienen. Diese Chemikalien dienen der Auflösung von Fetten.

Dünndarm

Im Dünndarm werden diejenigen Stoffe aus der Speise, die vom Körper gebraucht werden können, durch die Darmwand aufgenommen und anschließend zur Leber transportiert.

Leber

Die Leber ist das zentrale Organ des Stoffwechsels. Sie ist die größte Drüse des Menschen. Sie hat zwei Aufgaben:

1. Alle Nährstoffe, die der Dünndarm aufgenommen hat, gelangen zunächst zur Leber, die sie speichert oder weiterverarbeitet.
2. Sie baut die nicht benötigten Stoffwechselprodukte ab und scheidet sie über die Galle aus.

Die Leber ist sozusagen das zentrale Chemiewerk im Menschen, das sowohl die benötigten Stoffe herstellt und in die Blutbahn abgibt als auch die nicht benötigten Stoffe aus der Blutbahn entfernt und sie über die Galle entfernt. Das gesamte Verdauungssystem ist somit der „Lieferant" der Leber.

Blinddarm

Der Blinddarm liegt am Beginn des Dickdarms. Er hat seinen Namen dadurch erhalten, daß er eine „Sackgasse" ist, was man früher auch einen „blinden Gang" genannt hat. Er besteht aus einem kleinen „Sack" mit einem dünnen, kurzen Anhang. Bei der Blinddarmoperation wird nur diese dünne, wurmartige Fortsetzung entfernt.

Der Blinddarm schützt das Verdauungssystem, indem er durch die an seiner Darmwand befindlichen Lymphe Stoffe bildet, die die Schadstoffe im Darm befinden, neutralisieren können („Antigene"). Der Blinddarm ist somit auch ein Teil des Immunsystems.

Dickdarm

Der an den Dünndarm anschließende Dickdarm entzieht den Resten des Speisebreis, der aus dem Dünndarm in ihn weitergeleitet wird, das Wasser, damit der Körper nicht durch die Ausscheidung einen zu großen Wasserverlust erleidet (wie beim Durchfall).

Der Dickdarm kann auch Ionen aufnehmen und ausscheiden und auf diesen Weise den Elektrolyt-Haushalt des Körpers regulieren.

After

Er dient der Ausscheidung der nicht verwendbaren Reste der Verdauung.

II 3. d)   Atmung

Im Vergleich zu dem Bereich der Ernährung ist der Bereich der Atmung recht einfach aufgebaut.

Nase

Das primäre Organ, das der Einatmung dient, ist die Nase. Durch die Verbindung zwischen dem Mund, der primär der Nahrungsaufnahme dient, und dem Nasenraum kann der Mensch jedoch auch durch den Mund einatmen, was eine schnellere und effektivere Luftaufnahme ermöglicht, weil die Mundöffnung größer als die Nasenöffnungen ist.

Luftröhre

Die Luftröhre dient dem Transport der Luft in die Lunge.

Lungen

Die Lungenbläschen, aus denen die Lunge besteht, nehmen aus der Luft Sauerstoff auf und geben Kohlendioxyd an sie ab. Dieser Sauerstoff wird wie bei einem Feuer zum „Verbrennen" der aus der Nahrung aufgenommen „Brennstoffe" benötigt. Durch dieses „Verbrennung" wird für den Körper Energie gewonnen, die u.a. für die Muskelbewegungen benötigt wird. Das Kohlendioxyd ist sozusagen der „Rauch" dieses „Feuers", der beim Ausatmen durch den Mund wieder abziehen kann.

II 3. C   Die Grenze zwischen den beiden Bereichen
der körperfremden und der körpereigenen Stoffe

II 3. C a)   Blutreinigung

In diesem Bereich arbeiten zwei Organe eng zusammen: Niere und Blase.

Nieren

Die Hauptaufgabe der Nieren ist das Reinigen des Blutes. Alle Stoffe, die nicht mehr benötigt werden, werden von ihnen aus dem Blut entfernt.

Weiterhin regulieren die Nieren auch den Wassergehalt des Blutes und somit auch den Blutdruck.

Schließlich regeln die beiden Nieren zusammen mit dem Dickdarm den Elektrolythaushalt des Körpers, also die Menge und das Mischungsverhältnis der Ionen.

Blase

Die von den Nieren dem Blut entzogenen Stoffe, also der Urin, wird in der Blase gesammelt und dann ausgeschieden.

Galle

Die Leber und die Galle haben eine ähnliche Funktion wie die Niere und die Blase, da die Leber im Blut befindliche, schädliche, aber schwer lösliche Stoffe aufbereitet und sie in den Zwölffingerdarm hinein ausscheidet.

II 3. D Der Bereich der körpereigenen Stoffe

In diesem Bereich findet sich die größte Anzahl von Organen und Organgruppen.

II 3. D a) Knochen und Muskeln

Knochen

Die Knochen sind das Gerüst des Körpers, also die starren Elemente.

Muskeln

Die Muskeln sind die aktiven, beweglichen Elemente im Körper.

Sehnen

Die Sehnen sind die „Seile", mit deren Hilfe die Muskeln an den Knochen ziehen und sie auf diese Weise bewegen.

Schädel, Rückenwirbel

Der Schädel und die Rückenwirbel haben die zusätzliche Funktion des Schutzes der Nerven, d.h. des Gehirns und des Rückenmarks.

II 3. D b) Blutkreislauf

Blut

Das Blut ist vor allem das wichtigste Transportmittel innerhalb des Körpers. Es befördert sowohl die aus der Nahrung aufgenommenen Stoffe als auch den durch die Lungen aufgenommenen Sauerstoff in die Zellen und befördert die von den Zellen ausgeschiedenen Stoffe und das Kohlendioxyd zu der Leber und den Nieren bzw. zu der Lunge, wo sie wieder ausgeschieden werden.

Herz

Das Herz besteht aus zwei Kammern, die durch ein Ventil getrennt sind und die durch einen Muskel zusammengezogen werden können. Auf diese Weise bildet das Herz eine Pumpe, die das Blut in Umlauf hält, damit es seine Transportfunktion im Körper erfüllen kann.

Ohne Herz ist die Körpergröße eines Lebewesen sehr stark eingeschränkt, da bei allen Lebewesen, die mehr als 1-2mm groß sind, ein Kreislauf notwendig ist, um die verschiedenen Stoffe gleichmäßig im Körper zu verteilen.

Adern

Die Adern sind das Transportsystem für das Blut. Es gibt die zu den Zellen laufenden Adern, die Blut enthalten, das reich an Nährstoffen und Sauerstoff ist („Arterien"), und die von den Zellen zu dem Herzen, der Leber und der Lunge zurücklaufenden Adern, die vor allem Abbauprodukte aus den Zellen sowie Kohlendioxyd enthalten („Venen").

Milz

Die Milz liegt in der Nähe des Magens und gehört zu den Organen, die Lymphe produzieren. Die Lymphe sind neben dem schnellen Blutkreislauf ein zweites, sehr viel langsameres Transportsystem innerhalb des Körpers.

Die Milz hat vier Aufgaben:

1. Sie produziert einen Teil der weißen Blutkörperchen.
2. Sie ist ein Speicher für einige Arten der weißen Blutkörperchen.
3. Sie scheidet alte, funktionsuntüchtige rote Blutkörperchen aus.
4. Bei Ungeborenen und kleinen Kindern produziert die Milz einen Teil der roten Blutkörperchen.

Knochenmark

Ab dem vierten Monat nach der Zeugung wird der größte Teil des Blutes im Knochenmark produziert.

II 3. D c) *Lymphsystem*

Die Lymphe sind neben dem Blutkreislauf das zweite, langsame Transportsystem im Menschen. Es dient vor allem als „Abflußrohr" für Abfallstoffe, Bakterien und Fremdkörper, aber es ist auch eine „Versorgungsleitung" für Nährstoffe.

Sie ist das ältere der beiden Transportsysteme im Menschen wie man u.a. daran erkennen kann, daß die Lymphe der Zellflüssigkeit noch sehr ähnlich sind, während sich das Blut sehr deutlich von der Flüssigkeit in den Zellen unterscheidet.

Die Lymphgefäße durchziehen den Körper wie das Kreislaufsystem des Blutes. Wichtige mit den Lymphbahnen verbundene Organe sind die Leber und die Milz.

Die einzelnen Körperregionen haben jeweils ein Lymphsystem, das über einen Lymphknoten mit dem angrenzenden System verbunden ist. Diese 5-20mm großen Knoten sind eine Art „Filterstation".

Es gibt zwölf wichtige Lymphknoten:

1. hinter den Ohren
2. unterhalb der Ohren
3. am Hinterkopf
4. am Unterkiefer
5. am Kinn
6. am Hals
7. im Nacken
8. an den Halsadern
9. in der Achselhöhle
10. an der Bauchwand
11. im Bauch
12. im Brustraum

II 3. D d) *Nervensystem*

Gehirn

Das Gehirn ist ein komplexes „Datenverarbeitungssystem", das die Handlungen des Menschen steuert – sowohl die bewußten als auch die unbewußten.

Rückenmark

Das Rückenmark ist vor allem der „Hauptnerv" des Menschen, der das Gehirn mit dem Körper verbindet.

Neben dieser Funktion laufen jedoch auch einige Reflexe über das Rückenmark und nicht über das Gehirn – durch diesen kürzeren Weg haben diese Reflexe eine kürzere Reaktionszeit.

Nerven

Die Nerven sind das Informationssystem des Körpers – sozusagen seine Kabel. In ihnen werden Informationen (vereinfacht gesagt) in elektrischer Form vom Körper zum Gehirn geleitet (Sinneswahrnehmungen u.ä.) und Handlungsanweisungen vom Gehirn an den Körper gegeben.

II 3. D e)   Hormonsystem (Drüsen)

Die Elektrizität in den Nerven sind der schnelle Informationsfluß, die Hormone aus den Drüsen sind ein etwas langsamerer Informationsfluß. Die Wirkung der Hormone liegt zudem deutlich näher an den Emotionen und an dem allgemeinen Zustand des Körpers.

Die Hormone werden in den Drüsen produziert. Einige der Drüsen stellen auch Stoffe her, die keine Hormone sind wie z.B. die Milch in der weiblichen Brust.

Einige der von den Drüsen produzieren Stoffe werden nach außen hin abgegeben (Milch, Talg auf der Haut), andere werden nach innen entweder an bestimmte Orte (Leber/Galle, Bauchspeicheldrüse) oder allgemein in die Adern abgegeben.

Die Funktion einer Drüse ist die Herstellung von chemischen Stoffen. Daraus ergibt sich, daß der Begriff „Drüse" nicht sehr scharf definiert ist, da viele der Organe im Körper auch chemische Stoffe produzieren, aber oft nicht unter den Drüsen aufgelistet werden.

Es gibt zehn Hauptdrüsen sowie weitere, kleinere Drüsen.

Die im folgenden angeführten Drüsen sind nach ihrer Lage vom Kopf zu den Füßen hin sortiert.

Zirbeldrüse

Die Zirbeldrüse, die auch Epiphyse genannt wird, liegt in etwa in der Mitte des Kopfes im Zwischenhirn, also zwischen Großhirn und Kleinhirn. Sie ist beim Menschen ca. 5mm groß.

Diese Drüse regelt über das Hormon Melatonin den Rhythmus von Wachen und Schlafen sowie die Sexualentwicklung.

Bei einigen Vögeln ist sie sehr groß (10% des Hirnvolumens), während andere Tiere wie Elefanten, Krokodile und nachtaktive Tiere gar keine Zirbeldrüse haben.

Hypophyse

Die auch Hirnanhangdrüse genannte Hypophyse liegt ebenfalls in etwa in der Mitte des Kopfes. Sie ist ca. 5mm groß und ist direkt mit dem Hypothalamus verbunden, also mit dem Teil des Gehirns, das die meisten vegetativen Vorgänge im Körper steuert. Die Zirbeldrüse ist sozusagen das „Gehirn" des Hormonsystems, da die meisten hormonellen Vorgänge von ihr gesteuert werden.

Speicheldrüsen

Sie produzieren den Speichel im Mund.

Schilddrüse

Diese Drüse liegt unterhalb des Kehlkopfes im Hals. Sie steuert die Geschwindigkeit der Vorgänge im Körper. Störungen der Schilddrüse führen daher entweder zu Lethargie oder zu Hyperaktivität.

Nebenschilddrüsen

Die vier kleinen Nebenschilddrüsen an der Rückseite der Schilddrüse regulieren den Calcium-Stoffwechsel im Körper und über diesen den Aufbau der Knochen und der Zähne.

Thymus

Der Thymus liegt oberhalb des Herzens in etwa in der Brustmitte. Er besteht aus zwei Lappen, die bei einem Neugeborenen jeweils ca. 2x5cm groß sind.

Der Thymus baut in der Kindheit ein effektives Immunsystem aus verschiedenen weißen Blutkörperchen auf. Nach dem Erreichen der Geschlechtsreife bildet er sich zurück.

Brust (Frau)

Die beiden weiblichen Brüste dienen über die Milchproduktion der Ernährung der Säuglinge.

Nebennieren

Oben auf den Nieren befindet sich je eine Drüse, die „Nebennieren" genannt werden.

Das Hormon Adrenalin wird in Gefahrensituationen ausgeschüttet, um die Handlungsbereitschaft zu erhöhen („Streßhormon"), während das Hormon Noradrenalin beruhigend wirkt.

Das Hormon Aldosterol regelt die Salzausscheidung der Nieren und über diesen den Wassergehalt des Körpers.

Über das Hormon Kortisol steuern die beiden Nebennieren den Blutzuckerspiegel.

Bauchspeicheldrüse

Diese große Drüse unter dem Magen produziert zum einen die Verdauungsenzyme für den Zwölffingerdarm und regelt zum anderen über die Hormone Insulin und Glycagon zusammen mit den Nebennieren den Blutzuckerspiegel.

Leber

Die Leber, die die größte der Drüsen ist, produziert eine Vielzahl von Stoffen. Sie ist das zentrale „Chemiewerk" im Menschen, das vom Dünndarm mit „Rohstoffen" beliefert wird.

Eierstöcke

In ihnen werden die Eier produziert, die nach der Befruchtung durch den männlichen Samen zu einem Embryo heranwachsen. Hier werden auch die Sexualhormone hergestellt, die das sexuelle Verlangen, den Menstruationszyklus, die Entwicklung der Brüste und die Verbreiterung der Hüften regeln.

Hoden

In den Hoden wird der männliche Samen produziert, der die Eier in der Frau befruchtet. Die in den Hoden produzierten Hormone steuern das sexuelle Verlangen, den Bartwuchs und den Stimmbruch.

Schweißdrüsen (Haut)

Der von den Drüsen in der Haut produzierte Schweiß dient der Abkühlung, denn beim Verdunsten des Schweißes wird der Haut Wärme entzogen.

Talgdrüsen (Haut)

Der von den Drüsen in der Haut produzierte Talg schützt die Haut gegen Feuchtigkeit.

II 3. D f) Immunsystem

Das Immunsystem besteht in erster Linie aus den weißen Blutkörperchen, die körperfremde Stoffe im Blut erkennen und zerstören.

Man kann jedoch im erweiterten Sinne auch die Zähne und die Fingernägel („Krallen") sowie den gesamten Bewegungsapparat als Teil des Immunsystems auffassen – er dient zur Verteidigung gegen „große Feinde", während das Immunsystem zur Verteidigung gegen „kleine Feinde" dient.

II 3. E   Die Grenze zwischen den beiden Bereichen
der körpereigenen und der körperdefinierenden Stoffe

Es gibt keine Organe, die sich auf das Verhältnis zwischen den körperdefinierenden Stoffen und den körpereigenen Stoffen spezialisiert haben.

Auf der Zellebene findet sich jedoch die RNS, die die Informationen der DNS im Zellkern, die den Aufbau der Zelle festlegt, in den Zellinnenraum trägt. Die RNS ist somit eine Substanz, die ständig die Grenze zwischen diesen beiden Bereichen überschreitet.

II 3. E a)   Geschlechtsorgane

Die Geschlechtsorgane liegen von ihrer Funktion her auf der Grenze zwischen den körperdefinierenden Stoffen und den körpereigenen Stoffen, da sie den Samen des Mannes zu den Eier der Frau transportieren.

II 3. F   Der Bereich der körperdefinierenden Stoffe

Die körperdefinierenden Stoffe sind auf der Zellebene die Zellkerne und auf der Organebene die Geschlechtsorgane.

II 3. F a)   Fortpflanzung

Eierstöcke

Die Eierstöcke produzieren die Eier, die dann von dem männlichen Samen befruchtet werden und zu einem Embryo heranwachsen.

Gebärmutter

Die Gebärmutter ist der Raum im unteren Bauch, in dem der Embryo heranwächst.

Vagina

Die Vagina ist sozusagen das „Tor" zur Gebärmutter, durch das der männliche Same zu dem weiblichen Ei gelangt und durch das das Neugeborene in Welt hinausgelangt.

Penis

Der Penis ist die Leitung, durch die der männliche Same zu dem weiblichen Ei befördert wird.

Hoden

Im Hoden wird der männliche Same produziert.

Prostata

Diese Drüse stellt eine Flüssigkeit her, die sich mit dem von den Hoden produzierten Samen vermischt. Diese Flüssigkeit, die ca. 30% des Spermas ausmacht, erhöht die Überlebenschancen der Samen auf ihrem Weg zu dem weiblichen Ei.

II 4. Die Chakren

Die Chakren sind ein Ordungssystem, das aus dem indischen Yoga stammt. Man kann sie als „Organe des Lebenskraftkörpers" oder als „Meditationspunkt im Körper" ansehen.

Der Charakter der sieben Hauptchakren entspricht den Körperbereichen, in denen sie liegen. Falls einem das Wesen der Chakren geläufig ist, kann man sie ebenfalls zur Groborientierung bei der Betrachtung der von einer Krankheit befallenen oder von Verletzungen betroffenen Körperteilen benutzen.

Den Charakter der Chakren, die sich mit den Freud'schen Entwicklungsphasen verbinden lassen, kann man wie folgt kurz skizzieren:

Die Chakren			
Chakra	*Orientierung*	*Wesen, Freud'sche Phase*	*Qualität*
Scheitel-chakra	nach außen gerichtet	Nähe, „orale Phase"	Planung: Gehirn
Drittes Auge	nach außen gerichtet	Struktur, „anale Phase"	Orientierung: Sinnesorgane (Augen, Ohren, Nase)
Halschakra	nach außen gerichtet	Gefühl, „phallische Phase"	Kontakt: Ernährung, Atmung, Sprache
Herzchakra	Zentrum	Identität, „genitale Phase"	Rhythmus: Herz, Atmung (Lungen)
Sonnen-geflecht	nach innen gerichtet	Gefühl, „phallische Phase"	Energieverteilung: Leber, Verdauung (Dünndarm)
Hara	nach innen gerichtet	Struktur, „anale Phase"	innerer Halt: Niere, Verdauung (Dickdarm)
Wurzel-chakra	nach innen gerichtet	Nähe, „orale Phase"	Lebendigkeit: Genitalien, Verdauung (Ausscheidung)

Das Wesen der Chakren erschöpft sich jedoch nicht in ihrer hier skizzierten Verwandtschaft mit den Organen, die in ihrer Nähe liegen – sie bilden im Yoga und in der Meditation die allgemeine Landkarte der Bewußtseinszustände und Bewußtseinsphänomene.

Da dieser Aspekt der Chakren für das Verständnis einer Krankheit im allgemeinen nicht von Bedeutung ist, wird er hier nicht näher beschrieben. Eine ausführliche Darstellung der Chakren findet sich in meinem Buch „Die Chakren".

31

II 5. Die astrologischen Häuser

Eine weitere Möglichkeit zur Groborientierung im menschlichen Körper sind die 12 astrologischen Häuser, in die jedes Horoskop gegliedert ist. Wenn einem dieses System geläufig ist, ermöglicht es ebenfalls, eine Krankheit anhand des Ortes, an dem sie im Körper auftritt, grob einzuordnen.

Da die Häuser sowohl einen Körperbereich als auch einen Lebensbereich darstellen, ermöglicht die Betrachtung des astrologischen Hauses, zu dem eine Krankheit gehört, auch eine erste Skizzierung des Lebensbereiches, aus dem die psychische Ursache für eine Krankheit stammen könnte.

1. Haus:
Bereich des Körpers: Kopf
Charakter: Hier und Jetzt, spontanes Handeln

2. Haus:
Bereich des Körpers: Hals
Charakter: Abgrenzung, Ernährung

3. Haus:
Bereich des Körpers: Arme
Charakter: Bewegung, Neugier

4. Haus:
Bereich des Körpers: Lymphe
Charakter: Nähe, Familie, Heimat

5. Haus:
Bereich des Körpers: Herz
Charakter: Selbstausdruck

6. Haus:
Bereich des Körpers: Dünndarm, Leber
Charakter: Heilung, Therapie, Reparatur, Ordnung

7. Haus:
Bereich des Körpers: Nieren, Dickdarm
Charakter: Du, Beziehungen

8. Haus:
Bereich des Körpers: Genitalien, Blase, Dickdarm
Charakter: Ausscheidung, Sex

9. Haus:
Bereich des Körpers: Oberschenkel
Charakter: Ziele, Ideale

10. Haus:
Bereich des Körpers: Knie
Charakter: Öffentlichkeit, Beständigkeit

11. Haus:
Bereich des Körpers: Unterschenkel
Charakter: Gemeinschaft Gleichgesinnter, Theoriebildung

12. Haus:
Bereich des Körpers: Füße
Charakter: Kontakt zur gesamten Welt

Eine detaillierte Darstellung findet sich in meinem Buch „Astrologie".

II 6. Das Horoskop

Ein Horoskop beschreibt den Charakter eines Menschen. Da das Horoskop in die zwölf Häuser gegliedert ist, die den Körperbereichen entsprechen, läßt sich der Charakter eines Menschen mit dessen Körperteilen und somit auch mit seinen Krankheiten in Bezug setzen.

Um diese Methode anwenden zu können, sind jedoch Kenntnisse in der Astrologie notwendig, die den Rahmen dieses Buches überschreiten.

II 7. Die Handlinien

Die Handlinien spiegeln ähnlich wie das Horoskop den Charakter eines Menschen wider. Während das Horoskop jedoch den lebenslang gleichen Grundzustand beschreibt, geben die Handlinien den aktuellen Zustand wider.

Man kann die Handlinien dazu benutzen, um den derzeitigen Zustand der Gesundheit eines Menschen zu betrachten, und in seltenen Fällen kann man auch einmal eine Verletzung der Hand in Verbindung mit der betreffenden Handlinie setzen.

II 8. Die Fußreflexzonen

Ähnlich wie bei den Handlinien kommen bisweilen Fälle vor, in denen man Fußverletzungen oder Krankheiten des Fußes mit den Organen, die den Zonen des Fußes entsprechen, in Verbindung bringen kann.

II 9. Das Gesicht

Auch das Gesicht bildet den gesamten Körper ab – allerdings nicht so detailliert wie z.B. die Fußreflexzonen. Diese recht unbekannte Analogie sieht kurz gefaßt wie folgt aus:

Stirn	- Kopf
Augenbrauen	- Arme
Lücke zwischen den Augenbrauen	- Hals
Nase	- Leib (Torso)
Nasenlöcher	- Genitalien
Mund	- After
Oberkiefer	- Oberschenkel
Kiefergelenk	- Knie
Unterkiefer	- Unterschenkel
Kinn	- Füße

Während bei den Fußreflexzonen die Darstellung der Beine fehlt, sind die Beine im Gesicht besonders deutlich abgebildet – im Gesicht fehlt hingegen eine Darstellung des Gesichtes.

Die Körperbereiche, die nah bei dem Bereich liegen, auf dem der Körper abgebildet wird, werden vermutlich deshalb undeutlich, weil hier das Abgebildete und die Abbildungsfläche ineinander übergehen.

II 10. Iris und Ohr

Sowohl die Iris im Auge als auch das Ohr enthalten wie die Fußreflexzonen ein Bild des gesamten Menschen. Da Verletzungen an Auge und Ohr, die sich einer bestimmten Zone an diesen Sinnesorganen zuordnen lassen, jedoch eher selten sind, spielen diese beiden Möglichkeiten beim Verstehen einer Krankheit oder Verletzung kaum eine Rolle.

III Die Freud'schen Entwicklungsstufen

Sigmund Freud unterscheidet vier Entwicklungsphasen bei einem Kind:

1. Säugling – „orale Phase": Alles wird aufgenommen, die Mutter und die Ernährung und die Geborgenheit stehen im Mittelpunkt. Sozusagen ein „ja".

2. Kleinkind – „anale Phase": Alles wird geprüft, braucht seine Ordnung, Richtigkeit und seinen Rhythmus. Das Kind sucht nach Unterscheidung, Klarheit und Stärke. Sozusagen ein „Nein!"

3. Kind – „phallische Phase": Alles wird auf sich selber bezogen, Entscheidungen werden getroffen, der eigene Willen steht im Mittelpunkt. Sozusagen ein „Ich!!!"

4. Jugendlicher – „genitale Phase": Es entsteht das Interesse an den anderen, an der eigenen Stellung in der Welt, an der Sexualität. Sozusagen ein „Du?"

5. Als 5. Phase, die von Freud nicht beschrieben wird, kann man noch die „adulte Phase" des Erwachsenen hinzufügen, der eine Familie gründet. Sozusagen ein „Wir."

Die Entwicklung bis zum Erwachsenen läßt sich also in fünf Worten zusammenfassen: „Ja" – „Nein!" – „Ich!!!" – „Du?" – „Wir."
Dabei werden im Idealfall fünf Fähigkeiten/Haltungen entwickelt:

Säugling:	Geborgenheit/Urvertrauen	(„Ja")
Kleinkind:	Klarheit/Stärke	(„Nein!")
Kind:	Selbstliebe	(„Ich!!!")
Jugendlicher:	Tatkraft/Kontaktfähigkeit	(„Du?")
Erwachsener:	Verantwortung	(„Wir.")

Wenn diese Qualitäten gestört sind, entsteht ein polarer Gegensatz, der sich manchmal auch in der Krankheit selber zeigt:

Störungen der gesunden Entwicklung		
gesunder Zustand	*kranker (polarisierter) Zustand*	
	regressives Extrem	*progressives Extrem*
Geborgenheit/Vertrauen	Sucht, Hilfsbedürftiger	Askese, Helfer
Klarheit/Stärke	Ohnmacht, Masochismus	Macht, Sadismus
Selbstliebe	Minderwertigekeitsgefühl, Fan	Größenwahn, Star
Tatkraft/Kontaktfähigkeit	Weltfremdheit, Träumer	Aktionismus, Ruhelosigkeit
Verantwortung	Selbstaufopferung	Ausnutzung

Bei der Betrachtung einer Krankheit kann man auch prüfen, in welchen dieser Bereiche sie gehört. Freßsucht gehört z.B. eindeutig in den Bereich der Geborgenheit, die gestört ist. Fieber, das einen Kampf gegen einen Krankheitserreger darstellt, gehört hingegen in den Bereich der Klarheit und Stärke.

IV Arten der Krankheit oder der Verletzung

Die psychische Entsprechung (und Ursache) einer Krankheit kann dann erfaßt werden, wenn die Funktion des von der Krankheit betroffenen Organs sowie der Charakter der Störung selber ausreichend präzise erfaßt werden kann.

Es gibt einige allgemeine Merkmale von Krankheiten, die sich recht schnell erfassen lassen und die im folgenden beschrieben sind. Sie dienen allerdings nur einer ersten Orientierung, denn um präzise sein zu können, muß man sich letztlich jede einzelne Krankheit genau anschauen – am besten auch bei jedem Menschen wieder aufs neue …

Verletzungen

Verletzungen entstehen durch eine Kraft, die von außen her auf den Körper einwirkt und ihm Schaden zufügt.

Das Thema bei einer Verletzung ist also in der Regel Kraft und Aggression.

Haltung

Einige Krankheiten wie z.B. Bandscheibenvorfälle werden durch die Körperhaltung ausgelöst.

Die Haltung des Körpers entspricht der Haltung im Leben, sodaß durch die Betrachtung der Haltungsstörung das ihr zugrundeliegende psychische Problem erfaßt werden kann.

Fieber, Hitze

Einige Krankheiten wie Masern, Röteln, Windpocken und Grippe führen zu einer erhöhten Körpertemperatur. Dieses Fieber unterstützt den Körper bei der Abwehr der Krankheitserreger.

Diese Hitze ist folglich ein Hinweis auf einen Kampf des Körpers gegen die „Eindringlinge".

übermäßige Expansion

Wenn sich Zellen übermäßig vermehren und daher das betroffene Organ unkontrolliert expandiert, entsteht die Krankheit Krebs.

Diese übermäßige Expansion kann man als eine Gegenreaktion auf eine längerfristige Unterdrückung auffassen. Wenn also die psychische Entsprechung zu der Tätigkeit eines Organs längere Zeit blockiert wird, kann in dem betreffenden Organ Krebs entstehen.

Krebs ist als blockierte und dann fehlgeleitete Expansion auch eine „feurige Krankheit" – schließlich wird in ihr zunächst Kraft verdrängt und dann an unpassender Stelle ersatzweise freigesetzt.

Das befallene Organ zeigt, in welchem Bereich die Kreativität und der Entfaltungsdrang blockiert ist.

Allergien

Auch die Allergien zählen zu den „feurigen Krankheiten", da sie dadurch entstehen, daß das Verteidigungssystem eines Menschen derart unter Streß geraten ist, daß es blind um sich schlägt und nicht mehr Freund und Feind unterscheiden kann.

Die psychologische Entsprechung zu einer Allergie ist somit die Verdrängung von Aggression.

Der Stoff, gegen den sich die Allergie richtet, zeigt, wogegen sich die Aggression richtet.

Pilze

Durch Pilze verursachte Krankheiten haben mit den Grenzen im Körper zu tun, da sich die Pilze entweder auf der Haut (Außengrenze) oder in den körperfremden Stoffen (Verdauungstrakt) befinden.

Pilze greifen den Körper entweder von außen her (Haut) oder von innen her (Darmwand) an. Wenn man die Grenzen des Verdauungsbereiches (Magenwand, Darmwand usw.) als erweiterte Haut auffaßt (was sie entwicklungsgeschichtlich auch ist), dann greifen Pilze stets von außen her an der Oberfläche an.

Bakterien

Bakterien leben auf der Haut und im Körper, d.h. im Darm und auch in den körpereigenen Stoffen. Ihr „Siedlungsgebiet" unterscheidet sich somit von denen der Pilze.

Bakterien sind für den Menschen etwas völlig normales und nicht alle rufen Krankheiten hervor – auf und in einem Menschen befinden sich zehnmal mehr Bakterien als ein Mensch Zellen hat …

Da Bakterien im Bereich der körpereigenen Stoffe leben, haben durch sie verursachte Krankheiten mit Familienthemen und mit Abgrenzung zu tun.

Viren

Viren bestehen fast ausschließlich aus einer DNS und einer Hülle für diese DNS – sie sind sozusagen auf ihren Zellkern reduzierte Lebewesen. Sie sind die Minimalisten auf der Erde. Um sich zu vervielfältigen, müssen sie ihre DNS in einen Zellkern des Menschen schleusen und ihn in dessen DNS einbauen. Viren leben daher in der zelldefinierenden Substanz des Menschen.

Durch Viren verursachte Krankheiten haben mit Identitätskrisen zu tun, da das Virus die DNS eines Menschen, d.h. seine biologische Identität, verändert.

Lebensbereiche der Pilze, Bakterien und Viren im Menschen				
Bereich		*Lebewesen*		
Stoff	*Grenze*	*Pilze*	*Bakterien*	*Viren*
	Haut			
körperfremd				
	Darmwand u.ä.			
körpereigen				
	Zellkern-Wand u.ä.			
körperdefinierend				

Seuchen

Bei einer Seuche stellt sich die Frage, ob die Krankheit für alle Betroffenen auch eine psychische Komponente hat. Diese Frage ist schwierig zu entscheiden, weil dafür eine sehr genaue Untersuchung bei sehr vielen Menschen notwendig wäre, was kaum praktisch durchführbar ist.

Da nicht klar ist, warum manche Menschen z.B. die Pest überleben und andere nicht, wird dies möglicherweise eine Frage sein, die unbeantwortet bleiben wird.

Katastrophen

Dieselbe kaum beantwortbare Frage stellt sich auch bei Katastrophen: Hatten alle Menschen in Hirsoshima und in Nagasaki einen persönlichen Grund, durch eine Atombombe zu sterben?

V Beispiele

Die folgenden Beispiele sind keine vollständige Betrachtung aller möglichen Krankheiten, sondern sollen lediglich zeigen, in welcher Weise man eine Krankheit betrachten kann, um ihre psychische Seite erfassen zu können.

Die Einteilung in Verletzungen, degenerative Erkrankungen, Stoffwechselstörungs-Krankheiten, Pilz-Krankheiten, Bakterien-Krankheiten und Viren-Krankheiten soll nur eine grobe Ordnung in die verschiedenen Krankheitsarten bringen – in manchen Fällen könnte man die einzelnen Krankheiten auch anders sortieren als es im Folgenden geschehen ist.

Insbesondere die degenerativen Krankheiten und die Stoffwechselstörungs-Krankheiten haben einen fließenden Übergang.

Die Störungen des Immunsystems sind hier zu den Stoffwechselstörungs-Krankheiten gestellt worden.

V 1. Verletzungen

Beinbruch

Ein Beinbruch führt zu einer vorübergehenden Unfähigkeit zu gehen.

Die Deutung ist zunächst recht einfach: Fehlgeleitete Aggression in Bezug auf eine „Bewegung im Leben" führt zu einem Bruch des Bewegungsorgans.

Die spezielle Situation ergibt sich durch die Umstände des Unfalls und durch den Knochen, der gebrochen wurde.

Armbruch

Ein Armbruch läßt sich ganz ähnlich deuten, denn er führt zu einer vorübergehenden Unfähigkeit zu handeln:

Fehlgeleitete Aggression in Bezug auf eine „Handlung im Leben" führt zu einem Bruch des Handlungsorgans.

Die spezielle Situation ergibt sich auch hier wieder durch die Umstände des Unfalls und durch den Knochen, der gebrochen wurde.

Handverletzung

Ein Mann sitzt an seinem Schreibtisch und betrachtet sein Leben. Da packt ihn die Wut auf seine Frau, die ihn (aus seiner Sicht) ständig kritisiert und dirigiert und tyrannisiert. In seiner Wut nimmt er den Bleistift, der auf dem Tisch liegt, und schlägt ihn auf den Schreibtisch, sodaß er in kleine Holzsplitter zerbricht.

Da der Bleistift einst an seinem oberen Ende ein Radiergummi besaß, das jedoch aus der Metallhülse herausgefallen war, rammte sich der Mann diese Hülse ungewollt in seine Hand. Die dadurch entstandene Wunde befand sich genau auf dem Handballen unter seinem Ringfinger.

Der Ringfinger steht in der Handlesekunst für Gefühle, Liebe und Beziehungen. Die Wut hat sich gegen die Frau des Mannes gerichtet, aber der Mann hat bei seinem Wutausbruch diese Wut gegen sich selber gerichtet. Die Wunde ist sowohl die Wunde des Mannes in seinem Beziehungsbereich, also sein eigenes Leiden an seiner Situation, als auch ein unbeholfener Versuch, die Frau aus seinem Leben „herauszuschneiden" und loszuwerden.

Ellbogen-Schmerzen

Ein Mann bekam plötzlich heftige Ellbogen-Schmerzen.

Der Ellbogen ist der Übergang vom öffentlichen Bereich (Oberarm) zu dem privaten Bereich (Unterarm).

Es hat also den Anschein, als ob ein anstehender Impuls nicht den Weg von Innen (Leib) nach außen finden würde und blockiert wird, bevor er in den Familien-Bereich gelangen kann.

Der betreffende Mann fürchtete sich davor, seiner Frau zu sagen, daß er sich von ihr trennen will ...

Knieschmerzen

Ein Mann hatte immer wieder teilweise heftige und meistens plötzlich auftretende Schmerzen in beiden Knien. Dies begann schon in der Schulzeit und setzte sich bis ins Alter von 35 Jahren fort. Von einem Arzt wurde ihm geraten, keinerlei Sport zu treiben, eine andere Diagnose lautete fortgeschrittene Abnutzung, ein dritter Arzt prophezeite ihm, daß er nicht mehr lange werde laufen können.

Durch sein Horoskop erkannte der Mann schließlich, daß seine Knieschmerzen mit seinem Pluto im 10. Haus in Zusammenhang stehen – das 10. Haus entspricht den Knien. Sein Pluto stand im Quadrat zu seinem Saturn im 2. Haus, das dem Hals darstellt – er hatte im Alter von 5 Jahren Mandeln und Polypen entfernt bekommen und er hatte im Hals einen Bandscheibenvorfall (Saturn = Knochen).

Die beiden Planeten an den beiden Enden des Quadrates hatten sich offenbar gegenseitig geschädigt.

Durch innere Gespräche mit seinen Knien erkannte der Mann nach und nach, daß er zu oft nicht auf sein Gespür hörte, was für ihn richtig war. Durch diese Gespräche mit seinen Knien konnte er innerhalb von ein paar Jahren seine Knieprobleme vollkommen heilen und dann die Zugspitze besteigen und an einem Halbmarathon teilnehmen (und eine gute Position im vorderen Drittel erreichen).

Seine Haupterkenntnis war, daß er das Wesentliche (Pluto) von dem Dauerhaften (Saturn) getrennt halten mußte (Quadrat), d.h. daß er niemals versuchen sollte, einer Sache, die ihm wirklich wichtig war, eine feste Form zu geben (wie z.B. heiraten).

Nieren-Verletzung

Der Künstler Joseph Beuys verletzte sich 1960 nach einem Sturz auf einen Ofen eine seiner Nieren so sehr, daß sie entfernt werden mußte.

Die Niere hat die Aufgabe, das, was nicht mehr gebracht wird, aus dem Bereich der körpereigenen Stoffe, d.h. aus der Blutbahn zu entfernen.

Eine Verletzung ist ein aggressiver Akt – dafür spricht auch, daß er auf einen Ofen (Feuer) gefallen ist.

Daher könnte es sein, daß es eine blockierte Aggression in Beuys gegeben hat, die sich auf diese selbstverletzende Weise Ausdruck gesucht hat.

Das eigentliche Ziel dieser Aggression müßte sich in Beuys' Familie befunden haben, die zu jener Zeit nur aus ihm und seiner Frau bestanden hat. Diese Vermutung beruht darauf, daß die Niere die körpereigenen Stoffe reinigt und diese der Familie oder dem „Kreis der engen Vertrauten" entspricht. Es ist allerdings kein Ehestreit oder ähnliches von Beuys aus dieser Zeit bekannt.

Feuerlauf

Bei Feuerläufen kommt es bisweilen vor, daß einer der Teilnehmer eine oder mehrere Brandblasen am Fuß bekommt.

Wenn man sie anhand ihrer Lage und mithilfe der Fußreflexzonen deutet, zeigen diese Blasen sehr präzise die Themen, mit denen der Betreffende zu der Zeit des Feuerlaufs gekämpft hat.

Vergiftungen

Vergiftungen könnte man zu den Verletzungen zählen, nur das sie nicht durch eine äußere Kraft, sondern durch einen äußeren Stoff verursacht worden sind.

Das, was einem Menschen bei einer Vergiftung gefehlt hat, ist die Unterscheidung von dem, was einem gut tut und was nicht.

Da sich jedoch eine Fliegenpilz-Vergiftung und eine Quecksilber-Vergiftung im Bergbau von ihrer Ursache her sehr stark unterscheiden, muß man auch hier den Einzelfall sehr genau betrachten.

IV 2. Degenerative Erkrankungen

Zu den degenerativen Krankheiten zählen Beeinträchtigungen durch Verschleiß, Funktionsbeeinträchtigungen, Haltungsschäden u.ä.

Hohlkreuz

Bei einem Hohlkreuz sind die Rückenmuskeln angespannt, während die Bauchmuskeln schlaff sind. Der Rücken, d.h. die Rückenwirbel sind das Tragegerüst des Körpers – wenn die Muskeln dort verkrampft sind, versucht man offenbar viel zu „tragen". Der Bauch ist vor allem der Bereich, in dem sich die Nahrung befindet – wenn dieser Bereich schlaff und tendenziell überfüllt ist, besteht offenbar ein Mangelgefühl.

Der Rücken strengt sich an, der Bauch erlebt Mangel – das könnte man auch Askese und Sucht nennen. Es scheint sich beim Hohlkreuz daher um eine Störung auf der oralen Ebene zu handeln, da die Geborgenheit und das Vertrauen, von der dieser Bereich im Idealfall geprägt ist, durch ungelöste Probleme in die polaren Extreme der Askese und der Sucht auseinanderfallen kann.

Leistenbruch

Ein Leistenbruch ist eine Schwachstelle in der Hülle aus Muskeln, Sehnen und Bindegewebe, das den Bauchraum umgibt. In der Regel liegt sie in der Nähe der Genitalien am vorderen, unteren Bauch. An einer solche Schwachstelle besteht die Gefahr, daß der Darm teilweise aus seiner Umhüllung tritt oder eingeklemmt wird.

Leistenbrüche sind eine der häufigsten Erkrankungen, die chirurgisch behandelt werden müssen. Der Leistenbruch kommt bei Männern neunmal so häufig vor wie bei Frauen, die offenbar eine belastungsfähigere Bauchhülle haben – die ja auch die große Belastung einer Schwangerschaft überstehen muß. Leistenbrüche kommen bei Kindern, Jugendlichen und alten Menschen häufiger vor als bei Erwachsenen.

Leistenbrüche entstehen durch einen zu hohen Innendruck des Bauches, der z.B. durch schwere Arbeit entstehen kann.

Als Charakteristikum findet sich beim Leistenbruch Überanstrengung und ein Mangel an „innerem Zusammenhalt". Diese eher unspezifische Beschreibung entspricht der Häufigkeit der Krankheit.

Zahnausfall

Einem Mann sind im Alter von 35-50 Jahren alle Zähne bis auf zwei ausgefallen. Die Zähne an sich waren in Ordnung, aber das Zahnfleisch und der Kieferknochen hatten sich zurückgebildet.

Die Zähne sind die Waffen – astrologisch der Mars. Die Knochen bilden den Halt für die Zähne – astrologisch der Saturn. Anscheinend gab es etwas in dem Mann, das seine eigene Aggression abgelehnt hat.

In seinem Horoskop steht der Mars im Trigon zum Saturn – der Saturn (Knochen) sollte also eigentlich den Mars (Zähne) sicher und fest halten. Der Saturn hat jedoch ein Quadrat zum Pluto, was bedeutet, daß es bei ihm Konflikte zwischen dem Wesentlichen (Pluto) und dem Festen (Saturn) geben kann.

Die sowohl aus dem Zahnbefund als auch aus dem Horoskop heraus vermutete Ablehnung der eigenen Aggression findet sich in der Geschichte dieses Mannes wider, der mit eineinhalb Jahren von seinen Eltern für ein Jahr verlassen worden ist und dem dann anschließend seine neugeborene Schwester vorgezogen worden ist. In diesem Zusammenhang wählte dieser Mann als Überlebensstrategie die vollkommene Unterordnung – was dann zu seinem Zahnausfall geführt hat.

Durch die Bejahung und Integration seiner Aggressionen konnte er den Zahnausfall schließlich stoppen.

Karies

Im Gegensatz zur Parodontose, also zur Zurückbildung des Zahnfleisches und der Kieferknochen, ist Karies ein Verfall der Zähne selber.

Während bei der Parodontose der Betreffende zwar gute „Waffen" hat, aber sich nicht traut, sie zu benutzen, werden bei der Karies die „Waffen" selber zerstört. Der Effekt ist derselbe, aber die Haltung ist verschieden: Parodontose lehnt die Benutzung der Zähne ab – Karies lehnt die Zähne selber ab.

Bandscheibenvorfall

Derselbe Mann wie der mit den ausgefallenen Zähnen hat im Hals einen Bandscheibenvorfall. Es bestand der Verdacht, daß die Taubheit in seiner Hand durch diesen Bandscheibenvorfall bedingt war, was sich jedoch als Irrtum herausstellte, da sich seine Beschwerden durch Rückenmassagen beheben ließen.

Der Hals entspricht im Horoskop dem 2. Haus, in dem dieser Mann seinen Saturn stehen hat. Der Bandscheibenvorfall gehört somit thematisch zu seinem Zahnausfall:

Er kann nicht zu seiner eigenen Substanz stehen und nicht seinen eigenen Besitz verteidigen – beides entspricht dem 2. Haus. Er hat im Zusammenhang mit der Rückkehr zu seinen Eltern und in der Konfrontation mit seiner Schwester seinen gesamten Besitz (Spielzeug) aufgegeben.

Hexenschuß

Ein Hexenschuß ist ein plötzlich im Lendenwirbelbereich auftretender Schmerz, der die Beweglichkeit einschränkt. Der Name zeigt, daß man früher dachte, daß Hexen unsichtbare Pfeile auf die Menschen schießen und sie dadurch verletzen würden. Vor der Verteufelung der germanischen und keltischen Priesterinnen-Zauberinnen zu Hexen schob man den Zwergen die Schuld an diesem Schmerz in die Schuhe und nannte diese Krankheit „Zwergenschuß".

Die Ursache des Hexenschusses kann sowohl eine plötzliche Fehlhaltung (Einklemmen des Ischiasnerv, Muskelkrämpfe o.ä.) als auch eine langfristig entstandene Abnutzung sein.

Die psychische Entsprechung zum Hexenschuß läßt sich am einfachsten über das Chakra erkennen, daß dem Lendenwirbelbereich entspricht: das Hara. Seine Funktion ist der innere Halt, der feste Stand, der Rhythmus der Bewegung, der Tanz, die Sexualität ...

Wenn dieser Halt verlorengeht, verkrampft man sich, was zu Schmerzen führt. Dieser Halt-Verlust könnte als eine innere Unstimmigkeit erkannt werden, aber wie es bei Menschen oft üblich ist, wird die Schuld einem äußeren Übeltäter zugeschoben – eben der Hexe mit ihren Pfeilen. Diese Sicht ist insofern zutreffend, als es im Außen jemanden geben wird, gegen den man sich nicht wehren konnte, der einen zur Überanstrengung angetrieben hat o.ä., aber die Ursache liegt trotzdem in der eigenen Haltung – sowohl im psychischen als auch im körperlichen Sinn.

Zur Veranschaulichung, wie ein Mensch mit einem gesunden Hara aussieht, kann man sich einmal Bilder von Sumo-Ringern oder Flamenco-Tänzerinnen anschauen.

Herzrhythmusstörungen

Eine Frau hat Herzrhythmusstörungen, d.h. ihr Herzschlag ist nicht regelmäßig, sondern hat Extrasystolen („zusätzliche Schläge") und manchmal ein Vorhofflimmern (schnelle, unkoordinierte Kontraktionen in der vorderen Herzkammer).

Das Herz besteht vereinfacht gesagt aus zwei schlauchförmigen Muskeln und mehreren Ventilen. Durch das koordinierte Zusammenziehen der beiden Schlauchmuskeln und der sinnvollen Anordnung der Ventile wird das Herz zu einer Pumpe.

Diese Pumpe hat ein eigenes Rhythmus-System, d.h. es benötigt nicht das Gehirn oder das Rückenmark zur Aufrechterhaltung seiner Tätigkeit. Der Herzrhythmus ist somit autonom – wenn man ein Herz herausoperiert, schlägt es noch eine zeitlang weiter, weil sich das Rhythmus-System im Herzen selber befindet.

Diese Pumpe ist bei Lebewesen ab ca. 2mm Größe notwendig, um alle Stoffe im Körper über die Blutbahn gleichmäßig zu verteilen – um den Sauerstoff von den Lungen und die Nährstoffe von der Leber in die Zellen zu bringen und von dort aus das Kohlendioxyd und die Abfallprodukte wieder zur Lunge und zur Leber bzw. zur Niere zu transportieren.

Das Herz dient somit der Integration des Gesamtsystems – es ist der „Motor" des „logistischen Systems".

Störungen des Herzrhythmus können angeboren sein (Abweichungen vom normalen Aufbaus des Herzens u.ä.), erworben sein (Verletzungen, Herzinfarkt, Vergiftungen usw.) und von außen her verursacht sein (Stromunfall, Vergiftungen, Angst u.a.).

Herzrhythmusstörungen kommen sehr häufig vor, aber treten beiden meisten Menschen nur selten auf und werden daher kaum bemerkt.

In Europa haben 2-3% der Menschen schwerere Herzrhythmusstörungen.

Da das Herz das Gesamtsystem auf eine rhythmische Weise versorgt und dadurch die meisten Einzelprozesse im Körper miteinander verknüpft, ist die Qualität des Herzens Bewegung, Rhythmus und Integration.

Die psychische Entsprechung dazu sollte daher ebenfalls eine zumindestens zeitweilige mangelhafte Integration und Steuerung der eigenen Persönlichkeit sein. Dabei könnte es sich sowohl um Überforderungen als auch um mangelnden Antrieb handeln. Es fehlt sozusagen die Selbstregulierung, über die das Herz in physischer Hinsicht verfügt.

In der Astrologie entspricht dem Herz das 5. Haus, das für den Selbstausdruck steht, und auch der Sonne, die die Fähigkeit symbolisiert, Entscheidungen treffen zu können, die für das eigene Wohlergehen förderlich sind. Im Yoga findet sich als Entsprechung das Herzchakra, in dem man in der Meditation die eigene Identität finden kann.

Man könnte eine Herzrhythmusstörung daher auch als eine (zeitweise) Identitätsstörung auffassen – wobei damit keine Schizophrenie oder etwas ähnlich heftiges gemeint ist, sondern eher z.B. ein Mangel an solidem Egoismus im eigenen Leben.

Die eingangs erwähnte Frau hat in ihrem Horoskop Sonne und Saturn in Opposition stehen, wobei sich der Saturn im 5. Haus (Herz, Selbstausdruck) befindet. Der Saturn kann somit den Eigenrhythmus der Sonne und somit des Herzens blockieren – vor allem, wenn der Saturn die Argumente „Notwendigkeit", „Pflichterfüllung" und „Verantwortung" auffährt.

In diesem Fall wäre ein inneres Gespräch zwischen den beiden Planeten notwendig (wie bei einer Familienaufstellung), um beiden von ihnen wieder genügend Raum zu verschaffen und die Aufgaben der beiden zu sortieren: Das Herz ist für den Rhythmus und für die Integration zuständig, während die Aufgabe des Saturn in der Absicherung und in der Schaffung eines soliden Fundamentes besteht.

Rheuma

Rheuma ist ein sehr vielfältiges Krankheitsbild, das 200-400 einzelne Krankheitsbilder umfaßt, die z.T. recht verschieden sind. Daher gibt es unter Ärzten den Spruch „Was man nicht erklären kann, sieht man gern als Rheuma an ..."

Rheuma kann an den Knochen, den Muskeln und den Organen auftreten und ist meistens entzündlich. Eine der bekanntesten Formen ist die Sehnenscheidenentzündung. Rheuma geht mit Schmerzen einher und kann über Schwellungen und Umbildungen bis zur Unbrauchbarkeit von Gelenken u.ä. führen.

Rheuma beinhaltet meistens auch eine Störung des Autoimmunsystems, das das „Verteidigungsministerium" des Menschen ist.

Frauen scheinen anfälliger für Rheuma zu sein als Männer.

Rauchen erhöht die Wahrscheinlichkeit, in späteren Jahren an Rheuma zu erkranken, sehr stark.

Die Störung des Autoimmunsystems und die Entzündungen weisen auf einen Kampf des Körpers hin, der nicht mehr klar ausgerichtet ist. Auch die Schwellungen und die Verformungen von Gelenken u.ä. lassen nach dem Grundsatz „Die Folgen haben Ähnlichkeit mit den Ursachen" vermuten, daß der Betreffende sich dem Druck ausgesetzt sieht, anders zu handeln, als er eigentlich will.

Rheuma scheint daher eine Krankheit zu sein, die zeigt, daß der Kranke nicht in der Lage ist, einen sich selber entsprechenden Lebensentwurf zu verwirklichen und auf die Weise zu handeln, die er selber wählen würde.

Die große Formenvielfalt des Rheumas erfordert es, jeden einzelnen Fall von Rheuma gesondert zu betrachten.

Gicht

Gicht ist eine Stoffwechselstörung, bei der nicht mehr genügend Purin durch die Nieren ausgeschieden wird. Purin ist eine chemische Verbindung, die u.a. für den Aufbau der DNS benötigt wird.

Purin wird vom Körper zu Harnsäure abgebaut, die, wenn sie nicht ausgeschieden wird, in den Gelenken abgelagert wird. Dort führt sie zu einer Veränderung der Knochensubstanz, die bis zu deren Abbau führen kann. Dies geht mit einer Rötung der Gelenke, die anschwellen und sich erhitzen, einher. Dieser Prozeß geschieht anfallartig und wird von plötzlichen, heftigen Schmerzen begleitet. Sehr häufig ist das Großzehen-Grundgelenk als erstes von der Gicht betroffen.

Die eigentliche Gefahr bei der Gicht ist jedoch, daß es zu einem Nierenversagen kommen kann, was zum Tod führt.

Es muß jedoch nicht jeder, der erhöhte Harnsäurewerte hat, auch einen Gichtanfall erleiden – dies kommt nur bei 5% der betroffenen Personen vor.

Die Niere ist ein Organ, das die nicht mehr benötigten Stoffe aus dem Bereich der körpereigenen Stoffe (Blut) entfernt. Auf die Psyche übertragen bedeutet dies, daß die Niere „das Nest sauber hält" und alles aus der Psyche entfernt wird, was ihr Schaden zufügen könnte. Diese Funktion ist bei der Gicht offenbar nicht mehr intakt. Die Schädigung der Gelenke zeigt, daß der Betreffende als Lösung seiner „Familienprobleme" (Bereich der körpereigenen Stoffe) eine Verhärtung und ein Stillhalten als Strategie benutzt – die allerdings nur zu einer Vergrößerung der Probleme und nicht zu deren Lösung führt.

Das meist als erstes betroffene Gelenk ist das Großzehen-Grundgelenk, das bei den Fußreflexzonen dem Hals entspricht, in dem sich das Halschakra befindet, das dann, wenn es heil ist, den ungehinderten sozialen Selbstausdruck ermöglicht und dessen Fehlen der Niere ihre Probleme bereitet hat: Die Niere ist nicht in der Lage gewesen, alles Störende auszuscheiden und dadurch die eigene Ordnung aufrechtzuerhalten.

Die Gicht ist eine sehr alte Krankheit – schon bei den Knochen der Dinosauriern ist Gicht nachgewiesen worden ...

Parkinson

Der alte Name „Schüttellähmung" bezeichnet das Hauptsymptom dieser Krankheit: eine zunehmende Lähmung der Glieder, die dabei zu zittern beginnen. Weitere häufige Symptome sind eine gedrückte Stimmung und ein verlangsamtes Denken.

Die Ursache dafür ist das Absterben von Nerven in einem Teil des Mittelhirns, das den Botenstoff Dopamin produziert, der für die Steuerung von Bewegungen notwendig ist.

Dopamin wird umgangssprachlich auch als „Glückshormon" bezeichnet. Die Ursache für das mit Dopamin verbundene Glücksgefühl liegt in der Antriebssteigerung durch dieses Hormon („Jogger-Hormon"). Dopamin reguliert auch die Durchblutung innerer Organe.

Ein Übermaß an Dopamin tritt häufig zusammen mit Schizophrenie und Psychosen auf.

Die Parkinson-Krankheit kann verschiedene Ursachen haben: erblich, durch Medikamente verursacht, durch Schläge auf den Kopf (Boxer-Krankheit), durch Vergiftungen (Pestizide u.ä.), durch Entzündungen und durch Stoffwechselstörungen.

Die Krankheit beginnt meistens erst nach dem 50. Lebensjahr.

Das durch Dopamin verursachte Glücksgefühl hängt mit Bewegung, Motivation, Durchblutung und Antriebssteigerung zusammen – es handelt sich also um ein „Mars-Hormon". Das Glücksgefühl könnte daher mit dem Orgasmus in Verbindung stehen, der das „Glücksgefühl des Mars" ist.

Das Absterben von Nerven im Mittelhirn ist ein „Tod des Mars". Man kann bei Parkinson-Erkrankten also nach Selbsthaß und ähnlichen Gefühlen suchen.

Wie bei allen Krankheiten ist das Zusammenspiel zwischen äußeren Ursachen und der inneren Bereitschaft, auf diese Ursachen mit einer Krankheit zu reagieren, manchmal recht komplex.

Nierensteine

Nierensteine sind kristalline Ablagerungen in der Niere, die mit der Zeit immer größer werden können. Sie bestehen zu einem großen Teil aus schwerlöslichen Ionenverbindungen (Salze).

Die Bildung von Nierensteinen wird durch zu wenig Trinken und durch einen erhöhten Verzehr von Fleisch und Fisch gefördert. Nierensteine können auch als Folge von Gicht auftreten, bei der das in den Speisen und vor allem im Fleisch enthaltene Purin zwar noch zu Harnsäure abgebaut, aber nicht mehr ausgeschieden wird. Diese Harnsäure kann zu der Bildung von Nierensteinen beitragen.

Nierensteine können zu einem schmerzhafter Harnstau und zu einer Nierenschädigung führen.

5% der Menschen in Mitteleuropa haben Nierensteine. Am häufigsten treten sie im Alter zwischen 30 und 50 Jahren auf.

Nierensteine sind eine Krankheit, in der die Niere ihre Aufgabe der Reinigung des Bereiches der körpereigenen Stoffe (Blut) nicht mehr vollständig erfüllen kann. In psychischer Hinsicht bedeutet dies einen Mangel an Klarheit und Selbstbestimmtheit in der Familie.

Während es bei der Gicht zu Schmerzen in den Gelenken und Bewegungseinschränkungen kommt, führen Nierensteine auf Dauer zu einer Nierenschädigung. Die Gicht zeigt sich im Bewegungsapparat, die Nierensteine in der Ausscheidung.

Das Problem der mangelnden Abgrenzung und Selbstbestimmtheit äußert sich bei der Gicht somit in der Reduzierung der Eigeninitiative und der Eigenaktivitäten, während sich dasselbe Grundproblem bei den Nierensteine in der mangelnden Abgrenzung zeigt. Gicht entspricht somit eher der Lethargie (keine Bewegung) und Nierensteine der Resignation (keine Gegenwehr).

Gallensteine

Wie die Nierensteine sind auch die Gallensteine kristallin. Sie bilden sich, wenn es in der Galle ein Ungleichgewicht der löslicher Stoffe entsteht – die überschüssigen Stoffe fällen aus und kristallisieren.

10 bis 15% der Erwachsen haben Gallensteine.

Frauen haben doppelt so häufig wie Männer Gallensteine. Die Bildung von Gallensteine wird durch Schwangerschaften gefördert – vermutlich weil die Schwangerschaft zu einem generellen Ungleichgewicht im Stoffwechsel führt, wie sich u.a. in dem bekannten Appetit der Schwangeren auf ausgefallene Dinge zeigt.

Die Erkrankung ist in den westlichen Industrieländern besonders häufig. Sie tritt jedoch noch häufiger bei den Indianern (60–70 %) auf. Bei Asiaten, bei Afrikanern südlich der Sahara und bei Afroamerikanern ist sie sehr selten.

Auch fettreiche Ernährung und das daraus resultierende Übergewicht sowie Diabetes (Zuckerkrankheit) fördern die Bildung von Gallensteinen.

Es gibt auch eine genetisch bedingte Tendenz zur Bildung von Gallensteinen.

Wenn Gallensteine so groß geworden sind, daß sie die Gallenblase nicht mehr verlassen können und den Fluß der Gallenflüssigkeit behindern, kommt es zu Entzündungen, zu Schmerz im rechten oberen Bauch, zu Völlegefühl und Blähungen sowie zu Erbrechen, Schweißausbrüchen und evtl. zu Gelbsucht.

Wie die Niere filtert die Galle nicht mehr benötigte Stoffe aus, sammelt sie und scheidet sie aus – die Niere filtert sie aus der Blutbahn und die Galle aus der Leber. Die Funktion ist dieselbe, aber die ausgefilterten Stoffe sind verschieden.

Gallensteine sind somit wie Nierensteine ein Zeichen dafür, daß die Abgrenzung und „Reinhaltung" des Bereichs der körpereigenen Stoffe gestört ist. Während bei den Nierensteine eher eine Störung in der Fähigkeit, sich abzugrenzen, vermutet werden kann, liegt bei den Gallensteinen möglicherweise eher die Aufnahme von Dingen, die ein Ersatz für das eigentlich gewollte sind (viel essen), zugrunde.

Gallensteine sind somit mit dem „Kummerspeck" verwandt.

Multiple Sklerose

Das zentrale Symptom dieser Krankheit, die oft als „MS" abgekürzt wird, ist die Auflösung der Myelinscheiden, die die Nerven umgeben – die MS löst also die „Isolation der elektrischen Kabel" im Menschen auf. Dieser Vorgang ist entzündlich und chronisch, d.h. es wird ein Kampf geführt, der über lange Zeit hin andauert.

Die Ursache dieser Krankheit, die in Europa die häufigste Krankheit des zentralen Nervensystems ist, ist nach wie vor ungeklärt und sie ist auch nicht heilbar.

MS führt in den meisten Fällen zu einer zunehmende Beeinträchtigung der

Beweglichkeit und manchmal auch der Sinne. Diese Folgen entstehen dadurch, daß die Nerven selber nach dem Abbau des Myelins ebenfalls geschädigt werden.

Diese Krankheit hat eine Reihe von Merkmalen, aus denen sich auf ihre psychische Entsprechung schließen läßt:

- Die Myelinhülle der Nerven wird vermutlich durch eine fehlgeleitete Auto-immunreaktion zerstört. Der Körper zerstört somit selber den Schutz der eigenen Nerven, weil er diesen Schutz für einen Feind hält. In psychischer Hinsicht würde dies bedeuten, daß der Kranke seine Abgrenzung gegen andere auflöst, weil er glaubt, sich nicht abgrenzen zu dürfen. Diese Krankheit hätte somit eine deutliche Nähe zum Helfersyndrom, also zum „sich für andere aufopfern" und eigentlich selber Nähe und Hilfe brauchen.

- Die Krankheit entsteht dezentral, d.h. an vielen Stellen gleichzeitig. Dies paßt gut zu der Vermutung, daß sich das System bei dieser Krankheit selber angreift.

- Die Krankheit bricht oft bei jungen Menschen aus. Sie hat also evtl. etwas mit der Ausbildung des Charakters zu tun.

- MS ist bei Frauen doppelt so häufig wie bei Männern. Sie könnte daher damit zusammenhängen, daß Frauen nach wie vor benachteiligt werden und sozial bedingt nur selten dieselbe Autorität und Eigenständigkeit erlangen können wie Männer.

- In der Äquatorialzone besteht eine deutlich geringe Wahrscheinlichkeit, an MS zu erkranken als in den nördlichen Breiten. Kinder, die in den Norden übersiedeln, übernehmen die dortige Krankheitswahrscheinlichkeit. Ältere Menschen behalten jedoch ihre niedrigere Krankheitswahrscheinlichkeit bei. Daraus ergibt sich, daß die Krankheit in größerem Maße durch Umweltfaktoren geprägt ist.

- Geschwisterkinder in den ersten sechs Jahren reduzieren das MS-Risiko sehr stark. Es wäre denkbar, daß die Gemeinschaft mit Geschwistern den Kindern eine emotionale Sicherheit gibt, die sie ohne sie nicht hätten. Wenn dies zutrifft, wäre MS zu einem guten Teil eine emotional bedingte Krankheit, die die Geborgenheit zum Thema hat – was dazu paßt, daß MS den Schutz der Nerven abbaut.

- Rauchen steigert das Risiko um den Faktor 1,5 bis 1,8. Rauchen ist u.a. ein Ersatz für Geborgenheit ...

- Übergewicht in der Kindheit erhöht das MS-Risiko. Übergewicht ist oft an einen Mangel an Geborgenheit gekoppelt („Kummerspeck").

- Während einer Schwangerschaft ist das MS-Risiko deutlich geringer, in den drei Monaten nach der Entbindung jedoch deutlich erhöht. Auch hier scheint die Geborgenheit während der Schwangerschaft und die Trennung, also das Ende der Verbindung und der Geborgenheit das auslösende Thema

zu sein.

- 50-90% der MS-Kranken haben Sexualstörungen. Sie sind bei Männern deutlich häufiger. Eine intakte Sexualität trägt deutlich zu einem geborgenen Lebensgefühl bei ...

Wenn man diese Symptome zusammennimmt, entsteht das Bild einer Krankheit, die durch den Mangel an Geborgenheit entsteht und bei der als vermeintliche Rettungs-maßnahme die eigene Geborgenheit und die eigene Grenze aufgelöst wird. Ein möglicherweise eng verwandtes psychisch-soziales Symptom ist das Helfersyndrom.

Aufgrund dieses Charakters der MS könnte man sie eine „Mond-Krankheit" nennen, da der Mond in der Astrologie genau die hier fehlenden Qualitäten darstellt. Eine astrologische Studie über die Stellung des Mondes in den Horoskopen von MS-Kranken könnte über diesen Punkt Gewißheit verschaffen.

Krebs

Krebs ist eine Überproduktion von Zellen, die so unkontrolliert vor sich gehen kann, daß sie das Gesamtsystem zerstört. Die Qualität, die hier das rechte Maß verloren hat, ist die Zellteilung, die Produktivität und die Kreativität.

Es ist daher anzunehmen, daß der Kranke einen Teil seines Wesens derart vernach-lässigt hat, daß sich in diesem Bereich ein großer Druck aufgebaut hat. Es besteht offenbar der Wunsch, bestimmte Dinge zu tun, aber man sieht sich nicht in der Lage, dies auch umzusetzen – was man wirklich tragisch nennen könnte.

Diese ungenutzte und aufgestaute Potential wird auf den Körperteil übertragen, der dem Thema entspricht, in dem die Tatkraft blockiert worden und die Wünsche unerfüllt geblieben sind.

Krebs ist somit eine Jupiter-Krankheit – die Ziele und die Expansion des Jupiters sind blockiert worden und zeigen sich in dem Organ, das dem Bereich entspricht, in dem man seine Ziele nicht ausleben konnte. Dieser Bereich entspricht wahrscheinlich dem Haus, in dem der Jupiter im Horoskop steht.

Eine der häufigste Krebsarten ist der Brustkrebs.

Die weiblichen Brüste sind der Inbegriff der Ernährung und der Geborgenheit – an denen es den betroffenen Frauen offenbar fehlt.

Eine weitere oft auftretende Krebsart ist der Dickdarmkrebs. Die Aufgabe des Dickdarms ist zum einen die Ausscheidung des Kots und zum anderen das Entziehen des Wassers aus dem im Dünndarm flüssigen Nahrungsbreis.

Der Dickdarm hat also die Doppelfunktion des „Saugens" und des „Abgrenzens". Störungen in diesen beiden Bereichen treten oft gemeinsam auf, denn wer sich im

Mangel befindet und daher „saugt", kann sich oft nicht klar „abgrenzen".

Eine sehr schnell zum Tod führende Krebsart ist der Prostatakrebs. Die Prostata ist ein Organ, das sich nur bei Männern findet und unterhalb der Blase liegt. Die Aufgabe der Prostata ist die Produktion der Flüssigkeit, in der die Spermien beim Geschlechtsverkehr „schwimmen".

Die Tätigkeit der Prostata bezieht sich also nicht auf die Spermien selber, die von den Hoden produziert werden, sondern auf das Weiterleiten der Spermien. Während die Hoden zum Bereich der körperdefinierenden Stoffe gehören, zählt die Prostata zu dem Bereich der körpereigenen Stoffe. Der Prostatakrebs weist also nicht auf einen Identitätskonflikt hin (das würde zu Hodenkrebs führen), sondern auf ein Problem, die eigene Sexualität den eigenen Wünschen gemäß leben zu können.

Die Niere filtert die Stoffe aus dem Blut, die nicht mehr gebraucht werden bzw. die sogar schädlich sind.

Sie arbeitet somit an der Grenze zwischen dem Bereich der körpereigenen Stoffe (Blut) und den körperfremden Stoffen, die dann zur Blase weitergeleitet und ausgeschieden werden (Urin). Nierenkrebs weist somit darauf hin, daß der Kranke nicht in der Lage ist, innerhalb seiner Familie (körpereigene Stoffe) Grenzen zu setzen und ein für sich selber gesundes Umfeld herzustellen.

Die Funktion der Blase ist das Ausscheiden der Stoffe, die nicht mehr gebraucht werden.

Beim Blasenkrebs hat der Kranke zwar die Fähigkeit, sich innerhalb der Familie abzugrenzen (die Niere funktioniert), aber er ist nicht in der Lage, dies auch zu zeigen bzw. die Konsequenzen zu tragen, weshalb sich in der Blase der Urin (und die Energie) staut.

Eine ganz andere Art von Krebs ist der Lungenkrebs. Die Aufgabe der Lunge ist der Austausch mit der Umwelt, d.h. mit der Luft.

Wenn dieser Austausch bedrohlich wird, d.h. wenn man sich nicht schützen und abgrenzen kann, sondern den Kontakt mit der Luft und im übertragenen Sinne wahrscheinlich mit anderen Menschen fürchtet, kommt es zu „Lungen-Streß".

In der entsprechenden Weise kann man auch die anderen Krebsarten betrachten.

Epilepsie

Das wesentliche Symptom einer Epilepsie ist der spontan auftretende Krampfanfall ohne erkennbare vorhergehende Ursache. Dabei kann es auch zu Bewußtseinsstörungen kommen, die aber nicht in allen Fällen auftreten müssen.

Der Krampfanfall kündet sich manchmal durch Taubheit, ein unangenehmes Gefühl in der Magengegend, Halluzinationen o.ä. an. Einige Krämpfe beschränken sich auf einzelne Körperstellen und bleiben dort, andere weiten sich von dort ausgehend aus und wieder andere treten sofort überall auf.

Die Krampfanfälle enden häufig von selber nach kurzer Zeit. Manchmal kommt es wenig später zu Wiederholungen. Es gibt auch Anfälle, die länger als 20 Minuten dauern – dann besteht die Gefahr der Hirnschädigung oder des tödlichen Verlaufs.

Nach dem Anfall liegt der Kranke manchmal bis zu mehreren Stunden in einer Art Schlaf und kann kaum aufgeweckt werden und ist desorientiert.

Der Anfall kann sowohl im Wachzustand als auch im Schlaf auftreten.

10% der Menschen haben eine erhöhte Krampfbereitschaft; 4-5% der Menschen haben einmal oder wenige male im Leben einen Krampf; 0,5-1% haben häufig einen Krampfanfall, d.h. Epilepsie.

Am seltensten haben Erwachsene Krampfanfälle. Bei Kindern liegt die Wahrscheinlichkeit um 50% höher als bei Erwachsenen und bei Alten liegt sie 200% höher als bei Erwachsenen.

Die Krämpfe entstehen durch plötzliche Entladungen der Gehirnnerven, die die von ihnen gesteuerten Muskeln zur Kontraktion bringen.

Diese Entladungen können hirnorganische Gründe haben, sie können auch in einer Störung des Stoffwechsels begründet liegen, aber oft ist keine Ursache erkennbar. Weitere Gründe können eine Schädigung des Gehirns durch Bakterien, Viren oder einen Tumor sein.

Die nur gelegentlich auftretende Epilepsie kann vielfältige Ursachen haben: Fieber, Schlafentzug, Stroboskop-Licht (Disco), Überanstrengung, Drogen, Alkoholentzug.

Einige Formen der Epilepsie sind auch vererbbar. Andere Formen heilen mit der Pubertät stets aus. Es gibt sehr viele verschiedene Formen, die sich zu einem großen Teil bestimmten Gehirnregionen zuordnen lassen.

Epilepsie ist auch von Tieren bekannt. Am häufigsten ist sie bei Hunden beobachtet worden, etwas seltener bei Katzen und sehr selten auch bei Kaninchen. Bei den Pferden tritt sie vor allem bei Arabern auf.

Die genauen Ursachen und die Abläufe der Vorgänge im Gehirn bei einem Krampfanfall sind noch nicht vollständig erforscht.

Epilepsie ist u.a. bei den Griechen als Besessenheit von den Göttern angesehen worden.

Die eher pragmatischen Römer testeten ihre Soldaten bei deren Musterung auf

Epilepsieanfälligkeit, indem sie sie durch die Speichen eines sich drehenden Rades auf die Sonne blicken ließen – durch den Stroboskop-Effekt wurde zumindestens bei denjenigen, die eine starke Epilepsieneigung besaßen, ein Anfall ausgelöst, woraufhin sie ausgemustert wurden.

Zunächst einmal ist Epilepsie eine Krankheit der Nerven – und zwar eine Überaktivität.

Dann ist sie auch eine Mars-Krankheit, da von ihr die zu den Muskeln führenden Nerven betroffen sind, die diese Muskeln krampfen lassen.

Das unangenehme Gefühl in der Magengegend, das häufig einen Anfall ankündigt, könnte sich auf das Sonnengeflecht beziehen – dieses Chakra ist für den ungehinderten körperlichen Selbstausdruck zuständig, der bei einem Krampfanfall ja weitestgehend unmöglich ist. Man kann die Epilepsie somit auch als eine Sonnengeflecht-Krankheit ansehen.

Es wäre interessant zu wissen, ob zur Epilepsie neigende Menschen einen „verletzten Mars" im Horoskop haben, d.h. zum Beispiel ein Quadrat vom Saturn zum Mars. Die wenigen bisher bekannten Untersuchungen scheinen diesen Anfangsverdacht zu bestätigen.

Man könnte ebenfalls untersuchen, ob die Krampfanfälle, die mit einem einzelnen Körperteil beginnen und sich dann evtl. ausweiten, in dem Körperteil beginnen, das dem Haus entspricht, in dem der Mars steht. Doch dazu gibt es noch keine Statistiken.

Man sollte erwarten, daß die Menschen, deren Anfälle am ganzen Körper beginnen, den Mars im 1. Haus stehen haben. Da die Wahrscheinlichkeit, daß der Mars im 1. Haus steht, 1/12 bzw. 8,3% beträgt, sollten die Ganzkörper-Krampfanfälle zu den partiellen Krampfanfällen ungefähr im Verhältnis 1:11 stehen.

Die Krampfstarre des Körpers und die bisweilen auftretenden Halluzinationen können zwar durch die Tätigkeit der Nerven im Gehirn erklärt werden, aber beides sind auch Phänomene, die sich in ähnlicher Art bei der Astralreise finden können.

Man sollte als psychische Entsprechung zur Epilepsie eine psychische Krampfneigung erwarten, also eine Traumabildung, da ein Trauma letztlich der Krampf eines Teils der Psyche ist und auch einem Mars-Saturn-Quadrat entsprechen würde. Zum Trauma würde wiederum die Astralreise („Dissoziation") passen.

Da das Erlernen der Astralreise nahe mit dem Erlernen des Erweckens der Kundalini (Lebenskraft, Sexualität) verwandt ist, findet sich auch ein Zusammenhang zu den Formen der Epilepsie, die mit der Pubertät ausheilen. Es wäre somit auch möglich, die Epilespsie als eine Form der Fehlfunktion der Kundalini (Lebenskraftfluß im Körper) aufzufassen. Das würde wiederum bedeuten, daß es die Möglichkeit geben müßte, Epilepsie mithilfe von Akupunktur zu behandeln, da diese auf den Fluß der Lebenskraft im Körper („Chi") wirkt.

Im Zentrum der Epilepsie steht sowohl in körperlicher als auch in psychischer

Hinsicht der Krampf. Es ist daher naheliegend zu fragen, in welchem Lebensbereich und bei welchen Thema man sich verkrampft – und dann zu schauen, wie man sich auch in diesen Bereichen und bei diesen Themen entspannen kann.

Erbkrankheiten

Als „Erbkrankheit" werden diejenigen Krankheiten bezeichnet, die man von seinen Eltern über deren DNS „geerbt" hat.

Es gibt eine große Anzahl verschiedener Krankheiten, die genetisch bedingt sind.

Erbkrankheiten sind offenbar keine individuelle Krankheit, sondern eine Familien-Krankheit. Man kann daher zumindestens als Arbeitshypothese davon ausgehen, daß solche Krankheiten am ehesten durch auf die Familie bezogene Methoden wie z.B. Familienaufstellungen heilbar oder zumindestens in ihren Auswirkungen begrenzbar sind.

Die psychische Entsprechung für derartige Krankheiten sollten sich auch bei allen von dieser Krankheit betroffenen Familienmitgliedern finden.

IV 3. Stoffwechselstörungs-Krankheiten

Gelbsucht

Die Gelbsucht, also die Gelbfärbung der Haut, der Schleimhäute und der Augen, ist ein Symptom, das durch verschiedene Leberkrankheiten (Gallensteine, Leberzirrhose, Hepatitis) verursacht werden kann.

Die Gelbfärbung entsteht durch eine Erhöhung der Konzentration von Bilurubin im Körper. Bilurubin ist ein Abbauprodukt des eisenhaltigen roten Blutfarbstoffs Hämoglobin, das für den Sauerstofftransport im Blut zuständig ist.

Die Ursachen für eine vermehrte Entstehung von Bilurubin durch Zerfall von Hämoglobin bzw. die verminderte Entsorgung von Bilurubin (mangelhafter Galleabfluß) liegt in den meisten Fällen in der Leber.

Dieses Krankheitssymptom hat zwei Aspekte:

1. eine Störung des Sauerstofftransportes durch das eisenhaltige Hämoglobin – sowohl das Eisen als auch der Sauerstoff sind eine Mars-Entsprechung (Kraft, Tat);

2. die Leber, in der meistens die Ursache der Gelbsucht zu finden ist, ist ein Jupiter-Organ, da sie viele der im Körper benötigten Stoffe produziert.

Es hat somit den Anschein, als ob die Gelbsucht eine Störung von Mars und Jupiter wäre, daß der Betreffende also nicht in der Lage ist, seine Kraft (Mars) für seine Ziele (Jupiter) einzusetzen. Dies führt zu einem Zerfall des Hämoglobins, was in der Psyche einer Zerstörung der eigenen Kraft entspricht.

Bei einer Gelbsucht empfiehlt es sich daher, nach einem evtl. Aggresionsstau Ausschau zu halten.

Asthma

Asthma ist eine Atmungsstörung, bei der bei nur geringem Anlaß Atemnot entstehen kann. Die Ursache dafür können eine vermehrte Schleimbildung oder ein Krampf der Lungenmuskulatur sein.

Knapp 10% aller Kinder und 5% der Erwachsenen leiden an Asthma. Die Krankheit tritt bei Frauen häufiger als bei Männern auf. In Deutschland sterben jährlich ca. 5000 Menschen an Asthma.

Es ist bisher kein Zusammenhang mit schadstoffbelasteter Luft (Rauch, Abgase) festgestellt worden – lediglich die Kinder rauchender Eltern weisen eine erhöhte Asthma-Neigung auf. Asthma scheint also eine intern entstehende Krankheit zu sein.

Die meisten Asthmakranken sind in Schottland zu finden (18,4%), gefolgt von

England (15,2%).

Asthma ist in den meisten Fällen mit einer Allergie gekoppelt.

Beim Asthma lassen sich Entzündungen der Bronchien (Luftwege in der Lunge), eine Überaktivität der Bronchien und eine mangelhafte Selbstreinigung der Bronchien feststellen.

Asthma ist eine Atem-Krankheit – sie hat mit dem Austausch mit der Umwelt zu tun.

Asthma ist oft mit Allergien verbunden – sie hat mit panikartiger Selbstverteidigung zu tun, (Bei einer Allergie bekämpft das Immunsystem auch körpereigene oder unschädliche Stoffe. Dies entspricht dem „blinden um-sich-Schlagen in einer Panik-attacke.)

Asthma wird oft durch einen Krampf der Bronchien ausgelöst – sie ist auch ein psychischer Krampf.

Asthma ist somit eine Panik-Krankheit, bei der sich der Betreffende verzweifelt gegen etwas in seiner Umwelt, mit dem er eng verbunden ist (Luft), verteidigen will, aber keinen sinnvollen, effektiven Weg dafür findet und daher sich schließlich selber schädigt (Allergie).

Asthma ist somit eine Mars-Krankheit, da es sich bei ihr um einen blockierten Kampf (Mars) handelt. Oft scheinen auch Saturn (Krankheitsform: Blockierung) und Neptun (Krankheitsform: Allergien) beteiligt zu sein.

Allergien

Allergien beruhen auf einer Störung des Immunsystems, das nicht mehr Freund und Feind unterscheiden kann und daher auch körpereigene oder unschädliche Stoffe angreift.

Eine Allergie ist ein Kampf gegen einen vermeintlichen Feind, der eigentlich ein Freund ist. Man kann also davon ausgehen, daß dieser vermeintliche Feind die körperliche Entsprechung zu einem tatsächlichen Feind im Außen ist, gegen den sich der Betreffende nicht wehren kann oder will.

Um eine Allergie zu heilen, ist es daher notwendig, diesen äußeren Feind zu identifizieren und die damit verbundene Verteidigungshemmung aufzulösen, sodaß der Betreffende gegen seinen eigentlichen Gegner kämpfen kann und nicht mehr gegen sich selber kämpft. Eine Allergie ist eine Autoaggression, eine Wut, die man gegen sich selber gewendet hat, da man ihre Bewußtwerdung oder ihr Ausleben nicht ertragen könnte.

Häufige Entsprechungen sind „Getreideallergie = Vater“ und „Milchallergie = Mutter“. Es ist jedoch bei jeder Allergie notwendig, sich die Stoffe, die die Allergie auslösen, genau anzuschauen.

Die folgende Besprechung des Erschäpfungszustandes einer Frau ist ein Beispiel für eine spezielle Allergie.

<u>Erschöpfungszustand</u>

Eine Frau litt an Erschöpfungszuständen. Bei näherem Befragen stellte sich heraus, daß die Erschöpfung auf einer Allergie beruhte und daß diese Allergie insbesondere gegen die Pollen von Birken, Weiden und Pappeln besteht, wobei der allergische Ausschlag vor allem am Bauch unterhalb des Nabels auftritt und oft mit Kopfschmerzen verbunden ist.

Eine Allergie ist eine Störung des Immunsystems des Körpers, die darauf beruht, daß

a) der Körper irrigerweise bestimmte Stoffe (hier die Pollen) als bedrohlich einstuft und sich gegen sie verteidigt,

b) solch eine Reaktion am häufigsten dann zustandekommt, wenn der Körper schon durch Fremdstoffe (Chemikalien in der Nahrung, im Wasser und in der Luft) sehr gereizt ist, und

c) das Verteidigungssystem des Körpers auch durch psychischen Stres gereizt ist.

Daher kann man davon ausgehen, das die betreffende Person Aggressionen verdrängt, sich daher in einer unterschwelligen Aggression befindet und sich diese Aggression einen Ersatzgegner, in diesem Fall die Pollen gesucht hat.

Die Erschöpfung dieser Frau ist daher primär auf ihre Aggressionsverdrängung und sekundär auf die Belastung des Körpers durch die Allergie zuruckzuführen.

Es stellt sich nun die Frage, warum sich die Allergie gerade gegen die Pollen der Birke, der Weide und der Pappel richtet. Zunächst fällt einmal auf, das die Pollen die männlichen Samen, also die Entsprechung zum menschlich-männlichen Sperma sind, was auf ein sexuelles Thema schließen läßt, das mit einer Aggressionsverdrängung verbunden ist.

Warum richtet sich die Allergie nun gerade gegen die Pollen dieser drei Bäume und nicht gegen die von Rose, Butterblümchen und Apfel?

Das besondere an der Birke ist, daß sie zum einen eine Pionierpflanze ist und sich fast immer als erste auf Lichtungen und in Windbrüchen ansiedelt, und daß sie eine sehr große Menge Wasser in ihrem Holz transportiert – wenn man eine Birke fällt, läuft noch einige Stunden lang Saft aus dem Wurzelstock. Die Weide ist ein wasserliebender Baum und ist extrem regenerationsfähig. Die Pappel ist in der Lage, das Wasser in ihrem Stamm in sehr große Höhen zu transportieren. Alle drei Bäume sind botanisch nahe Verwandte und mit dem Wasser verbunden.

Diese Bäume symbolisieren also den Wassertransport im Körper und die mit diesem Wasser verbundene Lebenskraft.

Wenn man nun den Wassertransport in große Höhen und die mit ihr verbundene Lebenskraft sowie die verdrängte Sexualität und Aggression zusammennimmt, dann ergibt sich die Assoziation zu der Sushumna, dem Kanal, in dem die Lebenskraft als Tummo-Feuer (Kundalini) das Rückgrat hinaufsteigt.

Man kann also mutmaßen, daß sich bei der betreffenden Frau eine Blockade in der Sushumna befindet, die die Sexualität und die Aggression blockiert, was dadurch bestätigt wird, das sich der allergische Ausschlag in der Gegend des Hara-Chakras befindet, wo man auch die Blockade der Sushumna erwarten sollte, wenn die Lebenskraft durch eine Blockade der Sexualität, die sich ja im Wurzelchakra befindet, verursacht worden ist.

Die Kopfschmerzen, die zusammen mit der Allergie auftreten, weisen auf die Polarität zwischen dem Hara und dem Dritten Auge hin, wobei hier das Hara der Ort des Energiemangels und das Dritte Auge der Bereich des Energiestaus ist.

Man kann also davon ausgehen, das die betreffende Frau in der Welt zurechtzukommen versucht, indem sie es allen recht macht (Energiestau im Dritten Auge), und daß sie leicht aus dem Gleichgewicht zu bringen ist (Engergiemangel im Hara).

Nun gibt es einen Stein, der genau die Qualitaten dieser drei Bäume hat – der Feueropal. Er entsteht in heißen Geysiren, also an einem Ort, an dem heißes Wasser aufsteigt. In diesem heißen aufsteigenden Wasser ist Siliciumdioxyd und Eisenoxyd (Mars) gelöst, das sich dann in den Ablagerungen rund um den Geysir erst zu einem Gel und dann zu einem rötlichen Stein verbindet. Dieser Stein wirkt sehr schnell und heftig und macht fröhlich, impulsiv und begeistert und entfacht auch verdrängtes sexuelles Feuer (dabei treten ja auch „heiße" Flüssigkeiten auf) und führt bisweilen zu Nasenbluten (Blut = heiße Flussigkeit; Nase entspricht Genitalien) oder einer heftig laufenden Schnupfennase (wieder eine heiße Flüssigkeit).

Daher könnte man der betreffenden Frau einmal einen Feueropal auf den allergischen Ausschlag auflegen und schauen, ob dies genügt, um das gestaute Feuer wieder in Gang zu bringen. Dabei ist die Analogie zwischen dem aufsteigenden Tummo-Feuer, dem aufsteigenden Sperma, den Pollen der Bäume, dem aufsteigenden Wasser in den Bäumen und dem aufsteigenden heißen Wasser im Geysir sowie die marsische Symbolik des Eisens in dem Feueropal die Grundlage für diesen Versuch.

Bisweilen, wenn die Blockade zu stark ist, reagiert man auch statt mit einem Aufsteigen der Lebenskraft mit Nasenbluten – eine heiße, eisenhaltige, rote Flüssigkeit voller Lebenskraft steigt nach oben und sucht sich einen Weg nach draußen. Das Nasenbluten ist in diesem Fall offensichtlich eine Umleitung der Lebenskraft, deren Anregung vom Körper und der Psyche zwar nicht verhindert, aber doch immerhin in die symbolische Entsprechung zu den Genitalien im Gesicht „abgelenkt" werden kann. Die betreffende Frau ist in diesem Fall offenbar noch nicht bereit, so schnell die Blockade ihrer Sexualität aufzugeben.

Bei der Betrachtung ihres Horoskopes zeigte sich, daß sie den Mond und den Pluto in Konjunktion miteinander im 1. Haus stehen hat. Der Mond ist die Nähe und die Geborgenheit, aber auch die Flüssigkeiten; der Pluto ist die Intensität, das Existentielle und die Fixierung. Diese Konjunktion entspricht den „aufsteigenden, heißen Flüssigkeiten".

Diese Konjunktion hat ein Quadrat zu der Konjunktion von Sonne und Venus, also zu Wille und Gefühl. Da ein Quadrat eine Trennung darstellt, die entweder erlitten und daher leidvoll oder aber gewollt und daher raumschaffend ist, beschreibt dieses Quadrat offenbar den Streß, der ersatzweise als Allergie ausgelebt worden ist und zu der Schwächung geführt hat.

IV 4. Pilz-Erkrankungen

Pilzerkrankungen

Pilze setzen sich beim Menschen entweder auf der Haut (z.B. Fußpilz), auf der Schleimhaut (z.B. Scheidenpilz) oder im Darm (z.B. Candida) fest. Sie leben also nicht in der körpereigenen Substanz des Menschen, sondern auf ihm – sowohl im Außen (Haut) als auch im Innen (Darm, Scheide).

Es handelt sich vom Thema her also um „Kontaktstörungen" – schließlich steht der Pilz in „Kontakt" zu dem Menschen und lebt als Parasit in einer symbioseartigen Verbindung mit ihm – aber stets auf ihm und nie in ihm.

Es liegt daher nahe, bei Pilzerkrankungen danach zu schauen, ob sich der Betreffende von anderen Menschen abgrenzen kann.

Candida albicans

Dieser zu den Hefepilzen zählende Pilz befindet sich bei 75% aller Menschen im gesamten Verdauungstrakt, im Genitalbereich, zwischen den Fingern, zwischen den Zehen und auf den Finger- und Fußnägeln. Er ist bei fast allen Lebewesen mit konstanter Körpertemperatur zu finden.

Zu einer Krankheit wird dieser Pilz erst dann, wenn das Immunsystem geschwächt ist. Dies kann durch berufsbedingte ständig feuchte Haut, Rauchen, Alter, Übergewicht und eine allgemeine Immunschwächung z.B. durch AIDS entstehen.

Candida hat so vielfältige Symptome, sodaß die Krankheit nur durch eine gezielte ärztliche Untersuchung sicher festgestellt werden kann. Zu den Symptomen zählen Blähungen, Durchfall, Sodbrennen, Kopfschmerzen, Müdigkeit, Nierenschäden, Nagel- und Fußpilz, Allergien, Brennen in After und Genitalien, Zahnkaries, Blutvergiftung und eine allgemeine Schwächung des Immunsystems durch dessen ständigen Kampf gegen den Pilz.

Diese Krankheit ist gewissermaßen eine Schwächung durch einen Mitbewohner, der sich breit gemacht hat, weil man dies zugelassen hat – dies ist auch schon die Beschreibung des psychologischen Aspektes dieser Krankheit.

Wie bei fast allen Pilzkrankheiten besteht die Lösung in dem Setzen von klaren Grenzen, die in materieller Hinsicht der physischen Sauberkeit entsprechen.

Fußpilz

Eine Frau hat Fußpilz am Außenrand des Fußnagels an beiden dicken Zehen sowie an den Fußnägeln ihrer beiden kleinen Zehen.

Diese Stellen entsprechen bei der Fußreflexzonenmassage den Ohren. Die Ohren haben bei der Frau in ihrer Jugend ständig geschmerzt.

Im Gespräch mit ihr zeigte sich, daß sie sich gegen das massive Drängen ihres Vaters, der von ihr ein anderes Verhalten verlangt hat, nur dadurch zur Wehr setzen konnte, daß sie ihn ignorierte und so tat, als ob sie ihn nicht hören würde. Ihr Fußpilz scheint somit mit dem Drängen durch ihren Vater in Zusammenhang zu stehen.

Das Ohr und der sprachliche Kontakt entsprechen im Horoskop dem 3. Haus. Dort hat sie ihre Sonne (Willen) und ihren Mars (Tat) in Konjunktion stehen, d.h. sie tut stets, was sie will. Diese beiden Planeten stehen im Quadrat zum Pluto, d.h. es besteht die Tendenz, gegen jede Autorität (Pluto) anzukämpfen – hier der Vater.

Im 3. Haus steht weiterhin der Merkur, der für die Sprache und somit auch für das Hören zuständig ist. Dieser steht in Opposition zu dem Mond, der für Kontakt und Nähe steht. Eine Opposition erfordert einen rhythmischen Wechsel zwischen den beiden Polen – hier also zwischen Sprache/Denken und Nähe. Der Merkur wehrt sich gegen die drängenden Worte des Vaters offenbar dadurch, daß er den Kontakt (Mond) abbricht.

Der Fußpilz symbolisiert anscheinend die unerwünschte Nähe zu dem Vater, die dieser durch seine drängenden Worte herzustellen versucht hat. Es ist daher anzunehmen, daß das Herstellen einer klaren Grenze zu ihrem Vater den Fußpilz heilen könnte. Mit dieser Grenze ist keine endgültige Trennung, sondern ein sinnvoller Wechsel zwischen Nähe und Distanz gemeint – eben das Schwingen zwischen den beiden Polen der Opposition.

Bei diesem Fußpilz zeigt sich, daß sich bei Pilzerkrankungen etwas an den eigenen Körper bzw. die eigene Psyche angelagert hat, was nicht dorthin gehört. Hier sind das die Ansprüche des Vaters an seine Tochter bzw. seine gutgemeinten, aber vehementen und seine Tochter nicht fördernden Ratschläge.

IV 5. Bakterien-Erkrankungen

Bakterienerkrankungen

Bakterien leben auf dem Menschen (Haut, Schleimhaut), in dem Bereich der körperfremden Stoffe (Verdauungssystem) und auch in den körpereigenen Stoffen (Blut,
Organe). Der Konflikt findet somit sowohl an Grenze nach Außen (Haut, körperfremde Stoffe) als auch in der „Familie" (körpereigene Stoffe) statt.
Vom Thema her finden sich hier daher „familieninterne Auseinandersetzungen".

Tuberkolose

Diese Krankheit ist schon seit 500.000 Jahren bekannt – bereits der Homo erectus
hat in der Altsteinzeit unter ihr gelitten.

Die Tuberkolose ist die Infektionskrankheit, die derzeit die meisten Todesfälle verursacht. Ca. ein Drittel der Weltbevölkerung ist von diesem Bakterium befallen, aber
nur 10% von ihnen erkranken auch – die übrigen zeigen keinerlei Symptome. Von
diesen 10% sterben jährlich ca. 1.500.000 Menschen – die Krankheit verläuft somit in
ca. 20-25% der Fälle tödlich. Die Erkrankten haben in der Regel ein durch AIDS,
Alkohol, Drogen, Hunger, Obdachlosigkeit u.ä. geschwächtes Immunsystem. Daher
sterben die allermeisten Menschen in den Entwicklungsländern an Tuberkolose.

30% der Weltbevölkerung ist von dem Tuberkolose-Bakterium befallen, bei 3%
bricht sie auch als Krankheit aus und bei ca. 1% verläuft die Krankheit tödlich.

Die Tuberkolose-Bakterien befallen in den meisten Fällen die Lunge, aber auch andere Organe und selbst die Haut können an ihnen erkranken.

Die Antikörper des Menschen können die Bakterien einschließen, aber sie können
sie nicht ausscheiden. Daher vermehren sie sich (vor allem in der Lunge) und zerstören dann das Organ. Typische Symptome für Lungen-Tuberkolose sind Husten und
Schweißausbrüche.

Die Krankheit wird fast immer durch Tröpfcheninfektion übertragen. Da auch Rin-
der an Tuberkolose erkranken können, ist sie früher in Westeuropa auch oft durch
Milch übertragen worden.

Als bakteriell verursachte Krankheit betrifft die Tuberkolose die körpereigene Stoffe
– das Bakterium frißt sozusagen Teile des menschlichen Körpers auf. Es fehlt also bei
dem Erkrankten an einer effektiven Selbstverteidigung – möglicherweise auch in
psychischer Hinsicht.

Es ist schwierig, den Zusammenhang zwischen einer Tuberkolose-Erkrankung und
einem Mangel an Wehrhaftigkeit des Erkrankten festzustellen, weil die meisten

Erkrankten in armen Ländern leben und sich in der Regel mit ihrem Überleben und nicht mit Psychologie oder Astrologie (Stellung des Mars = Kampfgeist) befassen werden. Der Umstand, daß die Krankheit nur in 10% der Fälle tatsächlich ausbricht und Symptome zeigt, könnte durchaus daran liegen, daß eben nur bei 10% der Menschen auch die Verteidigungsbereitschaft beeinträchtigt ist.

Fieber und Schwitzen sind generell Zeichen, daß der Körper einen Kampf gegen Bakterien führt – dies ist kein spezielles Tuberkolose-Symptom.

Dasselbe gilt für die Tröpfchen-Infektion, die man als ungeschützte Grenze deuten könnte, was der mangelnden Verteidigungsbereitschaft entsprechen würde.

Die Lunge ist das Organ, das in ständigem Kontakt mit der Luft und somit in ständigem Austausch mit der Umwelt ist – noch deutlich intensiver als dies bei der Haut der Fall ist, da die Lunge ständig Sauerstoff aufnimmt und Kohlendioxyd abgibt. Auch das häufige Erkranken der Lunge an Tuberkolose spricht für ihre Deutung als einer „Kontakt-Krankheit" oder „Verteidigungsdefizit-Krankheit".

IV 6. Viren-Erkrankungen

Virenerkrankungen

Viren bestehen nur aus einer DNS (Zellkern) mit einer Hülle und nur wenigen weiteren Organellen, die dazu dienen, die Viren-DNS in den Zellkern des von ihnen befallenen Lebewesens zu schleusen, damit dieser statt der eigenen DNS die DNS des Virus produziert – eine „feindliche Übernahme".

Der Virus greift somit die Identität eines Menschen an, die ja in physischer Hinsicht in seiner DNS begründet liegt. Bei einer Viruskrankheit stellt sich somit die Frage, in welchem Bereich der Kranke in eine Identitätskrise geraten ist oder sich von außen her in seiner Identität bedroht fühlt.

Erkältung

Eine Erkältung ist eine Krankheit der Schleimhäute der Nase und der Nebenhöhlen, die von Viren und manchmal zusätzlich von Bakterien verursacht wird.

Erkältungen treten am häufigsten bei Kindern auf und werden mit zunehmendem Alter seltener.

Erkältungen sind eine der häufigsten Infektionskrankheiten des Menschen. Sie werden durch über 200 sehr verschiedene Viren verursacht.

Eine Erkältung ist keine Grippe, die eine weitaus schwerere Erkrankung ist und im Gegensatz zur Erkältung tödlich enden kann.

Zu den Symptomen einer Erkältung zählen Frösteln, Fieber, Husten, Niesen, Halsschmerzen, Mattigkeit, Gliederschmerzen und eine „laufende Nase". Die Krankheit dauert 10-15 Tage.

Erkältungen treten vor allem bei nass-kaltem Wetter auf. Auch Streß fördert die Erkältungsanfälligkeit.

Die Ansteckung erfolgt durch Tröpfcheninfektion, durch direkten Kontakt mit einem Erkranktem oder durch Schmierinfektion (Berührung mit Viren-verseuchten Gegenständen).

Die Erkältung gehört als eine durch Viren verursachte Krankheit zu den Identitätskrisen, da sie den Bereich der körperdefinierenden Stoffe (DNS) angreift.

Von dem von der Erkältung befallenen Organ her (Nase) könnte man auf eine Krise in der Willensbildung, der Ausrichtung in der Welt, der Ziele u.ä. schließen, da dies die Funktionen des Dritten Auges („Stirnchakra") sind, das sich an der Nasenwurzel befindet.

Wenn man das Gesicht als Gleichnis für den ganzen Leib nimmt, entspricht die

Nase den Genitalien. Das erinnert daran, daß im Yoga die Kundalini (Lebenskraft) vom Wurzelchakra bei den Genitalien zum Dritten Auge hinaufgeleitet wird. Es wäre also auch ein Zusammenhang mit dem Fluß der Lebenskraft im Körper denkbar. Dazu würde auch Streß als einer der Auslösungsfaktoren einer Erkältung passen.

Möglicherweise geht es daher bei einer Erkältung darum, daß der Betreffende in einer Richtungskrise steckt, d.h. daß er auf ein Hindernis gestoßen ist und nicht weiß, welchen Weg er nun einschlagen soll – das Dritte Auge ist für die Orientierung in der Welt und für die eigenen Ziele zuständig.

Diese Vermutung stimmt zumindestens mit meinen eigenen Beobachtungen überein.

Grippe

Eine Grippe wird wie die Erkältungen durch einen Virus ausgelöst, aber sie ist in ihrem Verlauf sehr viel schwerer und kann tödlich enden.

Die Grippe ist weit verbreitet – jedes Jahr erkranken 10-20% der Weltbevölkerung an Grippe.

Zu den Symptomen der Grippe zählen der sehr plötzliche Krankheitsbeginn, hohes Fieber, Schüttelfrost, Kopfschmerzen, Müdigkeit, Husten, geschwollene Nasenschleimhäute, Erbrechen und Durchfall.

Durch die Schwächung der Abwehrkräfte des Körpers durch den Grippe-Virus erfolgt oftmals noch eine anschließende Infektion mit Bakterien. Diese Folge findet sich auch bei den Erkältungen.

Die Grippe wird durch Kontakt oder Tröpfcheninfektion an den Schleimhäuten von Mund, Hals, Nase und Augen übertragen. Eine Grippe kann sich epidemieartig ausbreiten. Solche Epidemien führen zu einer erhöhten Todesrate, die sich oft nur statistisch erfassen läßt, da sich der Tod des einzelnen Menschen nicht immer eindeutig auf eine Grippe oder eine Grippe-Folgekrankheit zurückführen läßt.

Die Krankheit selber dauert 7-14 Tage, worauf allerdings noch einige Wochen mit Schwächegefühl folgen können.

Die psychologische Deutung einer Grippe entspricht der einer Erkältung, nur daß sie offenbar durch eine deutlich schwerere Richtungs-Krise im Leben verursacht wird.

Masern

Masern haben als Symptome rote Hautflecken, Fieber, Schnupfen, Husten, Rachenrötung und eine allgemeine Schwäche.

In ca. einem Viertel der Fälle treten als Folgekrankheit Durchfall oder eine Mittelohrentzündung oder eine Lungenentzündung auf.

Masern sind vor allem in Afrika weit verbreitet. Die Häufigkeit des Auftretens der Masern ist durch Schutzimpfungen im Zeitraum zwischen 1980 und 2013 weltweit um 95% reduziert worden.

Die Ansteckung erfolgt durch Tröpfcheninfektion über die Atemwege. Nach 5-7 Tagen treten die durch den Virus verursachten roten Hautflecken auf.

Eine Besonderheit des Masern-Virus ist, daß er nur den Mensch als Wirts-Organismus hat.

Wie bei allen Virus-Erkrankungen ist die psychologische Entsprechung der Masern eine Identitätskrise. Da sich die Symptome vor allem an der Haut und in den Atemwegen zeigen, scheint das Thema der Kontakt zu sein – die Haut ist das Kontaktorgan zur Welt und die Lunge ist das Kontaktorgan zur Luft.

Masern könnten daher eine Krankheit sein, die dann auftritt, wenn man entweder Abgrenzungsschwierigkeiten („Nähe-Süchtiger") oder eine verhärtete Grenze („Nähe-Asket") hat.

Mumps

Mumps („Ziegenpeter") ist eine Virus-Erkrankung, die vor allem die Speicheldrüsen befällt. Zu den Symptomen zählen die Schwellung der Speicheldrüsen, Fieber und bisweilen Atemschwierigkeiten.

Meistens erkranken Kinder an dieser Krankheit („Kinderkrankheit"). Anschließend an diese Krankheit ist man lebenslang immun gegen Mumps – man kann also nur ein einziges mal an Mumps erkranken.

Die Krankheit wird durch Tröpfcheninfektion oder durch direkten Kontakt übertragen.

Jungen erkranken häufiger als Mädchen an Mumps.

Mumps verbreitet sich meisten epidemieartig.

Der Krankheitsverlauf wird mit zunehmendem Alter immer schwerer.

Mumps kann zu einer Hirnhautentzündung oder (bei Jungen) zu einer Hodenentzündung führen.

Als Virus-Erkrankung betrifft Mumps die Identität eines Menschen. Die Speicheldrüse steht mit der Nahrungsaufnahme in Zusammenhang. Man kann also eine Krise auf der oralen Ebene vermuten wie z.B. einen Mangel an Geborgenheit, der zu Sucht oder Askese führen könnte.

Röteln

Wie Mumps sind die Röteln eine durch einen Virus verursachte Kinderkrankheit, nach deren Ende der Betreffende sein Leben lang immun gegen Röteln ist.

Zu den Symptomen zählen rote Hautflecken, Fieber und Lymphknotenschwellungen. Die roten Flecken treten zuerst am Kopf auf und verbreiten sich dann auf den Leib und auf Arme und Beine.

In der Hälfte der Fälle einer Infektion mit dem Rötel-Virus treten keinerlei Symptome auf.

Während der Schwangerschaft kann es zu einer Gefährdung der ungeborenen Kindes kommen.

Röteln verbreiten sich durch Tröpfcheninfektion.

Wie das Masern-Virus kann das Rötel-Virus nur im Menschen leben.

Die Röteln sind von ihrem Erscheinungsbild her den Masern und dem Mumps sehr ähnlich. Die Identitätskrise (Viren) betrifft bei den Röteln vor allem die Haut und sollte daher wie die Masern auf eine Kontaktkrise hinweisen.

Gürtelrose

Diese offiziell als „Herpes Zoster" benannte Krankheit ist eine Folgekrankheit der Windpocken. CA. 98% der Menschen in Deutschland tragen den Windpocken-Virus auch nach Beendung der Krankheit in sich. Daher löst der Kontakt mit Herpes Zoster bei Personen, die noch keine Windpocken gehabt haben, zunächst einmal Windpocken aus.

Das Virus „überwintert" in den Nervenwurzeln des Rückenmarks und in den Ganglien der Hirnnerven. Das Virus greift also nicht nur den Bereich der körperdefinierenden Stoffe (Zellkerne) an, sondern auch noch die zentrale Steuerung des Körpers, d.h. die Nerven.

Im Normalfall „schläft" das Virus bei gesunden Menschen. Wenn ein Mensch jedoch alt und gebrechlich oder aus anderen Gründen geschwächt ist, kann das Virus wieder „aufwachen" und sich entlang der Nervenbahnen, an deren Wurzeln es „überwintert" hat, ausbreiten. Wenn dies geschieht, kommt es zu einer Entzündung des Nervs – er wehrt sich gegen den Virus. Durch diese Entzündung entstehen entlang des Nervs auf der Haut reiskorngroße Bläschen, die zunächst mit Wasser und später mit Lymphe gefüllt sind, dann eintrocknen und schließlich abfallen. Dieser Prozeß dauert ca. drei Wochen.

Diese Bläschen können schmerzen und brennen und werden von Fieber und Müdigkeit begleitet.

Da die Nerven vom Rückenmark aus rund um den Körper laufen, bilden sie Ringe

(„Gürtel") aus roten Bläschen („Rosen").

In der Hälfte der Fälle befällt die Gürtelrose den Brustbereich, ansonsten meistens den Rücken, die Beine, die Arme und bisweilen auch das Gesicht. Der Befall der Augen, der Ohren, der Genitalien, des Blutes oder des gesamten Nervensystems durch die Gürtelrose ist recht selten.

Die Ansteckung mit Herpes Zoster kann nur auf ziemlich direktem Weg erfolgen, da das Virus außerhalb des Menschen nur zehn Minuten überleben kann. Die Ansteckung erfolgt daher in der Regel durch direkten Kontakt.

Es lassen sich mehrere markante Merkmale dieser Krankheit bzw. dieses Virus erkennen:

>*- Es greift wie alle Viren den Bereich der körperdefinierenden Stoffe an und stellt daher im psychischen Bereich eine Identitätskrise dar.*

>*- Das Virus nistet sich vor allem im Rückenmark ein, das die „zentrale Informationsleitung" im Menschen und auch das Organ ist, das für viele Reflexe zuständig ist. Das Thema dieser Krankheit ist folglich die Bewußtheit über das, was in einem selber geschieht (Hauptnervenbahn), und über die eigenen Reflexe.*

>*- Das Virus nistet in fast allen Menschen. Es handelt sich also entweder um eine Symbiose oder um ein Problem, das fast alle Menschen haben.*

>*- Die Gürtelrose ist eine „feurige Krankheit" (Entzündung, Fieber, Ausschlag), d.h. daß ein Kampf zwischen dem Körper und dem Virus stattfindet.*

>*- Die Krankheit tritt nur dann auf, wenn man geschwächt ist.*

>*- Die Symptome der Krankheit zeigen sich auf der Haut, d.h. auf dem Abgrenzungs- und Kontaktorgan.*

Aus diesen Merkmalen läßt sich schließen, daß die Krankheit eine Entsprechung zu einer unbewußten Lebensweise ist, die zu einer größeren Erschöpfung geführt hat. Dies wird dadurch bestätigt, daß die an einer Gürtelrose Erkrankten vorher geschwächt gewesen sind und diese Schwächung oft durch Streß verursacht worden ist.

Die Gürtelrose zeigt somit an, daß man auf eine Weise gelebt hat, die das eigene System geschwächt hat – und daß diese falsche Lebensweise wahrscheinlich auf falschen Vorstellungen über sich und das Leben beruht (da Nervenbahnen, d.h. das Bewußtsein betroffen sind). Diese falschen Vorstellungen haben wahrscheinlich mit Nähe und Abgrenzung zu tun (Haut).

Man könnte die Gürtelrose daher beinahe als eine „geistige Krankheit" bezeichnen.

AIDS

AIDS wird durch einen Virus verursacht, der das Immunsystem teilweise zerstört und dadurch den Körper hilflos gegen Krankheiten macht, gegen die er sich ansonsten gut zur Wehr setzen kann. Die AIDS-Erkrankten sterben also nicht an AIDS selber, sondern an den durch die Schädigung des Immunsystems ermöglichten Infektionskrankheiten und Tumoren.

Zunächst treten grippeähnliche Symptome auf, auf die dann eine Pause folgt, die 9-11 Jahre lang dauert. Dann folgt die Phase, in der der Körper weitgehend schutzlos den Infektionskrankheiten und der Tumorbildung ausgeliefert ist, was ohne eine weitere Behandlung der AIDS-Erkrankung zum Tod führt.

AIDS wird durch Körperflüssigkeiten, d.h. durch Blut, Speichel, Sperma, Vaginalsekret und Muttermilch übertragen. Der Virus wird durch Schleimhäute und Wunden aufgenommen. Am häufigsten wird diese Krankheit durch Geschlechtsverkehr (ohne Kondom) übertragen.

Während AIDS in Mitteleuropa seltener geworden ist, sind in einigen afrikanischen Ländern 25% der Bevölkerung an AIDS erkrankt. Zur Zeit sterben ca. 1,2 Millionen Menschen jährlich an AIDS (8,8 Millionen an Hunger).

Die psychologische Entsprechung zu dieser Krankheit ist recht einfach: eine Krise im eigenen Verteidigungssystem. Diese Fähigkeit wird normalerweise in der analen Phase erworben (sich abgrenzen, kämpfen, Nein-sagen können).

Das Immunsystem besteht sozusagen aus den „Wächtern auf der Stadtmauer" des Körpers. Dies ist eine Mars-Funktion, was dazu paßt, daß AIDS vor allem durch Geschlechtsverkehr übertragen wird, was eine weitere Mars-Funktion ist.

Es wäre daher lohnend, die Horoskope von an AIDS erkrankten Menschen auf die Mars-Stellung in deren Horoskopen hin zu untersuchen.

Lungenentzündung

Die Lungenentzündung ist eine Entzündung der Lunge, die durch eine Infektion mit Pilzen, Bakterien oder Viren verursacht worden ist.

Zu den Symptomen zählen Fieber, Schüttelfrost, Husten, Atemnot, Schleimbildung, Schwäche, Kopfschmerzen und Gliederschmerzen.

Ein erhöhtes Krankheitsrisiko findet sich u.a. bei Lungenkranken, geschwächten Personen, AIDS-Kranken, Allergien, bei Kleinkindern und alten Menschen, Bettlägrigkeit, Rauchern und bei vorangegangenen Lungenembolien.

Die Lungenentzündung ist nach den Durchfallerkrankungen die weltweit zweithäufigste Infektionskrankheit.

Als Lungenkrankheit hat die Lungenentzündung einen Bezug zu dem Austausch und dem Kontakt des Kranken mit der Welt.

Es ist beachtenswert, daß die Krankheit sowohl durch Pilze als auch durch Bakterien und Viren ausgelöst werden kann. Die Ursache für die Lungenentzündung kann folglich sowohl im Bereich der körperfremden Stoffe (Pilze – äußere Ursachen), der körpereigenen Stoffe (Bakterien – familiäre Ursachen) und der körperdefinierenden Stoffe (Viren – Identitätskrise) liegen.

Die Lungenentzündung ist somit eine sehr allgemeine Krankheit (wie schon ihre Häufigkeit zeigt), die auf eine Krise in dem Verhältnis des Kranken zu seiner Umwelt schließen läßt.

V Die psychologische Deutung einer Krankheit

Die in diesem Buch beschriebene Art der Betrachtung einer Krankheit ist keine eigenständige Diagnose, sondern ein Diagnose-Hilfsmittel, mit der man einen „begründeten Anfangsverdacht" finden kann, der dann anschließend im Gespräch mit dem Kranken überprüft werden muß.

Zudem erübrigt diese Art der Betrachtung mit dem anschließenden Bestreben der Auflösung der psychischen Ursachen der Krankheit nicht die ärztliche Behandlung, da ja bei einer Krankheit bereits ein tatsächlicher körperlicher Schaden vorliegt, der auch medizinisch versorgt werden sollte.

Es ist jedoch sinnvoll, nicht nur die Krankheit selber zu behandeln, sondern auch nach der evtl. psychischen Ursache dieser Krankheit zu suchen, um auch diese Ursache aufzulösen und dadurch sowohl die Heilung zu erleichtern als auch einen Krankheits-Rückfall zu vermeiden.